资本博弈

金融热点问题聚焦

苗萌◎著

北京时代华文书局

目　录

第 1 章　条块管理

条块管理对于中国的意义 / 003

条块管理的基础理论 / 011

条块管理在中国的实践 / 016

第 2 章　利益集团

经济学如何解释发展 / 023

利益集团如何影响发展：印度及其他发达国家的

例子 / 029

我国如何摆脱利益集团的阻碍 / 032

第3章 私募基金

一个私募基金的例子：阜兴系 / 039

牌照的最优数量：应该发放多少公募牌照 / 043

股市进行操作的痕迹 / 047

对于违规者的惩罚应当是多少？ / 051

第4章 银信合作

银行存在的意义和功能，以及银行的脆弱性 / 057

银信合作出现的原因：过量的刺激政策 / 065

银信合作的监管问题 / 069

第5章 不良债务清收市场

中国不良债务市场：蓝海 / 077

不良债务市场：规模经济还是规模不经济 / 079

不良债务的清收方式 / 081

不良债务市场中的重要参与者 / 084

▷▷▷

第6章　定增兜底和商誉

为何需要定增兜底 / 095

抽屉协议是否有效 / 098

我国为何有如此巨大的商誉 / 103

摊销还是减持？一个困难的政策选择 / 107

第7章　高送转

公司的分红政策应该是怎样的 / 115

为何高送转这么火 / 117

股市还是赌场？ / 122

第8章　PPP

地方政府的财政和PPP / 129

PPP的运作模式 / 134

PPP可能存在的问题 / 136

第9章　中国房地产市场

我国房地产市场有多大 / 143

土地性质、土地指标及其分配方式 / 145

我国未来的城市发展 / 148

第10章　P2P

为何我国会出现P2P / 155

P2P的优势是因为大数据算法吗 / 160

P2P创造资产的能力及其衰弱 / 164

▷▷▷

第 1 章

条块管理

条块管理对于中国的意义

　　条块管理是项极其重要的内容，看似很简单，实则为公众理解中国的各方面知识提供了较为重要的见解，很多内容看似与条块管理毫无联系，但是最终会发现，它仍需归结到条块管理的核心问题之上：管理难度与管理成本。

例如，为何新加坡如此发达？新加坡发达有诸多原因，其一为地理位置，新加坡处于马六甲海峡的咽喉要道，并且与亚洲的其他国家和地区接壤，与大多数国家的直线距离基本一致，因此，新加坡大致处于亚洲太平洋区域的核心地带。除地理位置以及其他方面的优势外，从客观上来讲，新加坡是一个土地面积和人口都较小的国家，易于管理，对于为何它的大小可以决定它的管理难度的高低，这就牵涉到"管理边界"的问题。

一般而言，特定政府部门能管理的下属单位数量是有限的。在我国，大致是一个省级行政单位管辖十几个市，一个市级行政单位管辖十几个县的管理分布方式。

现假设将中国所有的省级单位撤除，中央政府对市级单位进行直接管辖，这意味着中央政府需直接与300多个市级行政单位沟通，管理情况就会变得错综复杂。首先面临的问题是，对于这300多个下级单位，如何命名？在唐初时期，不乏类似情况，当时中国还不存在省级单位管理层，中央政府需要直接管理300多个州，对于唐太宗而言，抛开管理300多个州的难度，他记住这300多个州的州名也绝非易事。若广大读者朋友对此有兴趣的话，不妨尝试记住300多个朋友的名字并将其默写下来，然而这对于大多数普通人来说，几乎是难如登天。唐太宗为解决这个问题，曾设法将300多个州的州名都写在屏风上面，以此督促自己记住这300多个州的名字。

由此可知，当一个国家变得越发庞大时，此时不仅存在管理问题，对于上级政府而言，是否能够记住这几百个下级单位的名字都是一件棘手之事。因此相较于管理新加坡，管理偌大的中国的难度便不言而喻了。因为唐朝时期中国州级行政单位众多，而且随着地理疆域的扩大，中央政府面对的行政单位会越来越多，当行政单位一旦增加，那么与之相应的管理成本也自然会迅速上涨，所以在唐初时期，中央政府对于直接接管地方政府有着强烈的反对倾向，皆因受限于管辖能力。到了后期，中央政府的这种倾向反而逐渐消失，相反，中央政府选择设置更多的省级政府来进行间接性的管辖，此时不难发现可以从我国历史上找到这种类似做法的有趣例子。

例如在清朝，省长被称为巡抚，所谓巡抚，则先看巡字，表示他是这个省所谓的副省长、当地的巡游官，到了后期这种巡抚逐渐地固定下来，形成了巡抚类似于副省长的这种制度。更为有趣的是，在唐朝，省叫作"路"，而在宋朝称为"道"，什么是"道"和"路"呢？它更多表示为一种粮食的转运单位，它当时核心的行政任务是转运当地的粮食，然而当时并没有像省长这样的固定职称，实则更多的是一级政府管理所有的周线。随着中央政府逐渐意识到由于下级政府的数量过于庞大，使其不能有效地实现粮食转运时，则开始设置更多的两级政府，但设置两级政府的同时也必定会面临类似的问题，如果当时中国不能像新加坡一样，即中央政府管理所有的事情，那么还需要设置更多级别的政府，问题也随之而来，中央政府与下一级政府的权力该如何划分？由此牵扯到一个重要而且深刻的问题。

曾有诸多先贤或是经济学家在这个问题上提出过自己的见解。其中一位著名学者哈耶克，他认为当某一项权力面临应该属于中央政府还是地方政府时，应当属于地方政府，因为地方政府具备更多的地方信息，而这种地方信息对于中央政府来说，是极其难以及时收集与整合的，故而当地方政府具有特定的地方信息时，它也能够做出有效的决断。换言之，地方政府可以"因地制宜"。哈耶克其实是支持这种分权的，也就是需要设置地方政府，使得地方政府在整个国家的管理过程中起到中流砥柱的作用。

纵观悠久的中华历史，可以发现一件趣事。在高中历史的学习过程中，老师会提到清朝是中国中央集权的一个顶峰时代，但是并没有对清朝是中央集权的顶峰时代这个结论的原因进行阐述或者解释。从官员的选配上来看，清朝的确是我国中央集权的一个顶峰。在前面提到两级政府时，哈耶克认为，需要给下级政府分配更多的权力，当然这种权力来自多方面，其中一项重要的权力是对于下级官员的任免权。在当代，下级官员一般代表的是各个市级和各个县级的官员；在清朝，所有的县级官员和市级官员都是由中央来进行任免，以至于当时颁布了著名的天安门掣签制度。规定每个月的二十五日，汉族官员必须前往天安门门口签到，以此来决定他的分配地，这种分配由抽签决定。比如，当时的书生，十年寒窗苦读后在京又候考十年，轮替进行抽签，此时的空缺岗位可能是广东与河南，具体任职地由抽签决定。这反映了清朝确实是中央集权式统治，连县级官员的委任制度都是由中央政府部门进行决断的，但是这些决断中央政府其实并未进行考察，比如这些官员的官员特性与属地特征之间的匹配程度。因此，分配很有可能是无效的，比如将不会粤语的官员分配到广东，方言不通导致沟通不畅，势必会对官员的执政产生影响或者冲突。所以，从官员的选配来说，的确可以把清朝看作专制集权的一个顶峰时代，然而在整个行政过程中它有很多的经济效应、行政效率的考虑会被不断地纳入行政体系中。

正如哈耶克所说，如果一个地方政府拥有足够的当地信息，而且这些信息极其关键时，那么就需要更多分权。比如，当时清朝进行改土归流，废除西南各少数民族地区的土司制度，改由中央政府委派流官直接进行管理。这些土司类似于地方的土皇帝，世世代代是当地的土地所有者，自然会有许多欺压民众的行为，但当土司被清朝政府废除之后，他们的土地就被纳入了清朝的版图。但土司一般都存在于中国西南的边远地区，当地存在方言隔阂，而且对于当地的诸多传统和习俗，清朝官员实际上并不了解，此时地方的信息就变得非常重要。为了更好地进行治理和管控，当地政府也施行了一定改革措施，其中一项重要的改革措施是"冲繁疲难"。那时，为了把各个县按照一定的特征进行分类，中央政府采用了"冲繁疲难"四字方针进行分类：冲，表示州县位处交通要道；繁，表示州县政务多而繁杂；疲，表示州县经常拖欠税赋；难，表示州县民风狡猾强悍。四字中占的字数越多，说明当地越难以管理，对应哈耶克所讲述的，即当地具有越多的地方信息，就越需要了解地方情况的当地官员与地方信息进行特征上的匹配。一般的，因为需要一定的地方信息，那么匹配都交由地方政府来解决。有意思的是在清朝后期，有相当大规模的县，县长反而是由中央政府来任命的。

　　我们发现具体任命权力的所属实际上涉及两个方面：一方面是地方政府是否拥有足够多的信息问题；另一方面是中国毕竟是个泱泱大国，在整个权力运作的过程中，中央政府需要一定的权力去干涉地方政府，否则，这可能会导致地方独立的出现。因此，对官员的任命权是中央政府一项举足轻重的统治手段，在中央与地方进行权力划分的时候，非常明确地体现了前文所述的两个方面。

条块管理的基础理论

那么我国现今的政治管理体系又是什么样的呢？我国现今的管理体系被称为"条条块块"体系。何为"条条块块"？顾名思义，"条条"就是垂直性管理，有些政府部门是从上一直管到底的，也就是说，下级部门并不是听命于当地市政府的，而是直接被上级任命；"块块"，类似于水平管理，当地机构是听命于当地政府的，而不是听命于它的上级机构。与清朝相比，我国，特别是改革开放之后，更多体现的是"块块"管理，即大多管理属于相同水平的管理，公众在当地政府的引导下进行协调与配合。一方面，"块块"管理在发展上有很大的灵活度，比如当地工商局隶属于当地政府，当地政府就可以根据当地情况要求工商局执行某些政策，又因为各地的情况不一样，如果工商局完全听命于上级工商局进行管理的话，可能造成政策唯以灵活执行，以及执行不到位，出现不能有效地将当地信息进行整合的情况，因此"块块"管理灵活性非常好。从某种角度来看，中国的改革开放经验也是这种"块块"管理实践的一种非常重要的想法。

另一方面，"块块"管理可能导致两个问题。首先是地方保护主义，我们之前对此有过相当多的探讨，随着改革开放的实施，地方官员有了足够的用武之地。但与此同时，可能更少地关注本地对于他地的外溢作用，甚至在某些情况下，可能会出现为保护自己而排挤竞争对手的手段，来对其他地方进行更多的打压。因此，对于地方保护主义，我们应从辩证的角度来看待，它有可能对中国的发展产生负面影响；其次，"块块"管理可能会出现地方政府过度保护地方，甚至可能出现地方政府强迫地方机构牺牲其利益，由此会牵引出大量问题。有个典型的例子，在2000年左右，我国当时的银行坏账非常多，导致这种情况的主要原因是，当时银行坏账中有非常大的一部分是当地政府强迫银行为其放债，以及为没有任何经济活力的企业放债，最后形成了巨大的银行坏账。虽然当地政府是出于保护当地企业、提高当地公民的就业、维持社会稳定的良好初衷，但是由于导致大量银行坏账的出现，从而增加了我国的系统性风险。因此在2000年左右，我国对银行系统进行了拉条改革，把原来的"块块"管理变成了"条条"管理。曾经下级银行更多的听命于当地政府，现如今，我国主体银行，如六大国有银行，其下级银行直接听命于上级银行。在这种改革下，当地政府对于银行的影响能力直接被削弱，从而减少地方政府管束银行的行为，这也是本文所论述的"块块"管理的实践。

历史上不乏经典案例，例如20世纪80年代的苏联，当时中央政府设立许多大部委，由于这些大部委直接管理企业，这种直接管理方式，使得企业在强大的行政干预下失去活力，很多企业不需要过多审批，也没有足够的承担风险或者进取的精神，加之地方政府也缺乏积极性，从而使社会经济生活失去应有的活力。为了解决这一问题，赫鲁晓夫对斯大林时期形成的条块管理体系进行整改，改"条条"管理为"块块"管理，撤销了许多中央的职能部门，设立了相当数量的经济行政区国民经济委员会，使这些"块块"拥有进行生产经营和财政活动的绝对权力。但是由于政府的总体职能基本不变，政府宏观经济管理职能和企业经营管理职能未能加以区分，结果，改革只是使部门壁垒变成了区域封锁，不仅未能从根本上克服旧体制存在的弊端，反而导致经济混乱。我国吸取苏联的教训，在改革开放之后，采用条块管理方式，逐渐地把部委对于国有企业的影响降到最低。

另外，条块管理案例涉及环保领域，我国近几年来在环保领域取得了巨大的发展，在进行环保治理的同时面临的问题是，如何改变地方政府的动机。环保问题大部分原因是环保局隶属于当地政府，当地政府为了当地的GDP，可能会要求环保局允许当地的企业违法排放废水废渣，除此之外，当地环保局局长的任命也是由当地政府来决定的，所以环保局并无监督动机。之后，我国进行了类似于垂直管理的改革，将当地环保局的行政地位提高了半级，使得当地环保局可以向省级政府汇报工作，增强了当地环保局的独立性，这促使我国环保事业接连取得了巨大的成功。因而，我们发现"条条块块"管理实际上具有很强的合理性，当需要利用地方信息的时候，需要赋予这个地方政府更多的权力，其中主要是对官员的任命权。与此同时，也需要对可能会与当地政府有外溢性的职位，如银行、环保部门等，相应地给他们一定的拉条，这样既可保证上级部门或者中央的精神，也可以很好地贯彻下去。

条块管理在中国的实践

接下来，举一个实例，上海的一个社区进行了一些"拉条"的改革，这些改革可能产生了一定积极影响，也可能是意想不到的负面影响。当时有许多当地的村镇基层工作人员参与改革，这些工作人员来自当地派出所、工商所及税务所、食品药监局等把控质量的地方，这些地方都是"拉条"的代表，特别是税务，税务一定是"拉条"的，我们需要防止这些机构与当地政府有过多的合作，以避免当地政府用权力介入地区事件。另一个例子，是我国的派出所，派出所之前是由当地政府来管辖的，也就是属于村镇调配，之后派出所出现了"拉条"的情况，导致我们更多的是把派出所当成了当地公安局的下属机构。对于其他的职能部门的派驻机构，即村镇能够统辖的一些机构，如规土所、房管所、水务所、学校等，都是隶属于当地政府。从这个角度来讲，有效的水平管理实际上是能够提高当地的自由度的。

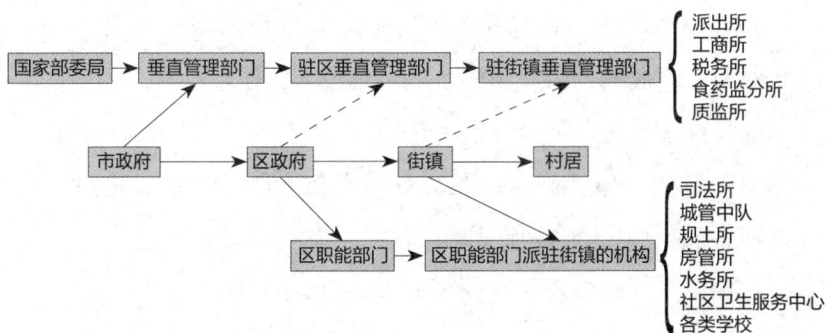

图1 上海社区行政管理关系

　　在这个案例中，我们发现在当地派出所"拉条"会产生一定的问题，一是他们都是领头人物，因为他们的晋升不受到当地人的影响，所以会经常出现要求出钱的时候，他们就出工不出力。与此同时，公安"拉条"之后，市里派下来的干部越来越多，基层干部没有上升通道，工作积极性难以发挥。举个例子，去年，在某小区，发动了一次对无照经营户的联合执法，这次执法由副区长主持，工商、食药、派出所、卫生和街镇等部门参与其中，当遇到一家无证经营户出现剧烈反抗甚至威胁要点燃煤气罐时，派出所的民警虽然在场，但是他们并没有去制止这些非法行为，最后由副区长控制了局面。这也证明了在"拉条"之后，他们认为自己的上升通道并不通畅，因此不愿全心全意投入工作。

　　同时，值得注意的是，信息和权力的不配套也是管理中面临的一个重要问题，有些人有权管理但未注意到这些信息，有些人注意到了这些信息却无权管理。

　　最后，通过分析发现一个有效的解决方案：网络化管理。大家可以思考一下，当一个地区是采用垂直化

▷▷▷

还是水平化管理，即选择"条条"还是"块块"，其中的核心区别是什么？通俗来讲，其核心区别在于"条条块块"的汇报对象和主体，如果直接向上级汇报，就是"条条"管理；如果是向当地政府汇报，则是"块块"管理。这种汇报也可以改成网格式的，具体来说，就是既向上级汇报又向当地政府汇报，网络化管理实际上既让"条条"有话语权，也让"块块"有决定权。那么，对于网络化管理，如何处理两种汇报的权重，是现在面临的重要问题之一。一般的，我们基本上是采取此种形式，即当地政府对它有摇头权，换言之，就是对人事任免权有一票否决权，而上级政府对地方政府有提名权，从这里不难发现，其实上级政府在人事调动有较大权力，但与此同时，也保留了当地政府对它的人事调动上的影响，我们希望通过这样的设置可以使当地政府在进行动员时具有重大作用。

在第1章，主要是简单地介绍了中国的"条条块块"管理的内涵及其实践。实践中有许多事件都是与"条条块块"挂钩的，比如我国的法院，实际上是一种"块块"管理的情况，因为法院基本上都是由当地政府任命的，由当地的政法委管辖；法院的院长也是由当地人大代表来任命的。从某种角度来讲，法院的独立性，即上级法院对下级法院的影响并不是很大，这也导致对于我国部分法院来说，它受到上级的影响不大。另一种典型的"块块"管理是我国的交管局，地方的交通管理部门需要依据本地情况来进行一定调整，所以交管局基本上都是"块块"管理。从以前出台的政策中也不难发现这一特征，比如2018年，对网约车进行监管的时候，各地出台了本地对于网约车的各种监管措施，而交通部只出台了一系列指导性的建议，并没有给出一些相应的具体措施。

第 2 章

利益集团

经济学如何解释发展

　　本章主要论述的内容是中国与利益集团的关联性问题。不难注意到，最近几年的诺贝尔经济学奖，比如2018年诺贝尔经济学奖，授予了研究宏观经济学的保罗·罗默和威廉·诺德豪斯，2019年授予了研究贫困问题的阿巴希·巴纳吉等实验经济学学者。从诺贝尔奖这样一个世界性评级机构的奖项评定来看，可以发现这样一种趋势：对于发展和贫穷的关注越发重视。在现代人类贫困化与全球化日益见长的状态下，我们对于人类的贫穷问题实际上给予了更多的关注，这也解释了为什么在过去，许多研究人类经济与发展的经济学家，大多都获得了诺贝尔经济学奖。

宏观经济学与实验经济学，对于贫穷问题应该有一定的解释力，比如在宏观经济学层面，世界各国可能有更多的正向规模经济体，并随着规模的日益增长，各国的各项生产效率越发提高，使得某些发展中国家不断地被锁死，越发贫困，这是导致全球化贫困的一个重要原因；实验经济学通过实验，对某些问题给出一些自己的阐释。但这些实验经济学和宏观经济学的研究，并没有对经济发展中的本质问题，即制度背后的社会问题给予足够关注，这使得大部分经济学研究仅停留在从局部层面上给出一定解释，尚未从深层次给予指导。

我最为敬仰的一位经济学家，同时也是我的学术偶像——曼瑟尔·奥尔森，提出了一个非常独到的看法。他认为，我们提出了数量上很可观的理论，但对于现实

▷▷▷

的解释力还是远远不足的。曼瑟尔·奥尔森提出了一个
著名理论，他的诸多研究贡献都是建立在这一理论之上
的，恰恰是这个理论，对于我们理解现实社会有卓越贡
献。我们可以做简短的经济学总结，目前有观点认为，
发展问题是所有经济学的一个终极问题，因为经济学家
刚开始接触经济学时，可能是从不同的领域进入的，比
如曾从事贸易理论、产业政策、宏观、微观等研究，然
而一旦这些经济学家转行发展后，基本上不会再周转于
不同领域，而是选择留在发展经济学领域进行研究。因
此，我认为研究发展，可以作为经济学家的一个终极问
题。发展问题实际上是困扰全人类的一个难题，比如为
何不同国家的贫富差距巨大，为何有些国家能够在极短
的时间内迅速发展，而其他国家难以企及。虽然现今的
经济学研究已经较为发达，但是我们对于这个问题还不
能做出合理的解释，而这些经济学问题又是必须探索研
究的。

　　关于发展问题，有学者提出了自己的看法，比如索
罗在20世纪50年代提出，发展中国家可能缺乏资本，
但该理论被诸多现实所驳斥。20世纪50年代，没有如今

大规模的全球化进程，绝大多数人认为，国际间的资本流动并不会通畅。随着全球化的发展，目前，资本流动仍是顺畅的，但资本往往青睐特定的几个国家，也就是说，在索罗模型中，这些相对贫穷的国家，是可以利用这些资本服务本国经济的，例如，刘易斯在《二元经济中》提到，农村人口在经济发展前过剩，为整个经济发展提供了劳动供给，但是会存在不可忽视的问题：为什么无法使用充足的劳动供给，结合经济强国所提供的资本，来为整个经济进行助力呢？而且这些劳动力大多数都集中在农村，争夺劳动力也出现过内卷，导致了小规模的家庭农场，为何这些多余的劳动力不能有效流动？传统的理论难以解释，因为在传统理论中，资本本来应该输入资本稀缺的地区，如某穷国有丰富的劳动力，资本应该流向这些地区。又如，中国理应有巨大的外汇赤字，但与经济直觉不相符的是，我国反而拥有丰富的外汇储备，在这种情况下使用传统的理论去解释，必将成为一个巨大的挑战。

当这种理论和现实不相符时，经济学家可能会提出新的概念，第一个解释是宏观经济学家提出的人力资本概念，虽然地方劳动力丰富，人力资本却稀缺，加之大部分的劳动力没有接受过相关教育，而开放学校让大部分国民接受教育，这本身也是合情合理的，当地却并不积极执行，这也是急需解决的民生问题；第二个解释是规模经济，当一个地区的规模经济提高之后，类似于我国初期的国企，可能会把各类事务，包括知识和技术传递给其他地区。所以当一个地区缺乏知识或技术基础时，它的劳动力发展将极其缓慢，但这个地方最初的知识或技术是如何一步步发展而来的，这也是一个值得探索的问题；第三个解释是产权问题，如果当地政府不对产权进行保护，资本是无法进行投资的；第四个解释是大冲击理论，不同时期的生产力曲线并不是向下弯曲，反而是向上弯曲的，这导致了最终稳态可能会出现在不同时段，最终无法预测经济处于何种程度。这些概念在20世纪90年代曾红极一时。目前这些理论早已被淘汰，虽然这些理论从思维层面上看貌似合理，但是在现实生活中难以找到有力的证明。比如，发展中国家比发达国家拥有更少的人力资本，在现实中可以发现，不少发展中国家的优秀人才可能会移民到发达国家，而且这些移民在原国家的经济地位及受教育程度高，他们在本国属于炙手可热的人力资本，完全可以获得不菲的收入和重用，他们为什么选择移民到发达国家，而不是选择留在本国继续发展呢？还有一个问题，技术增长又是什么呢？宏观经济学中的模型认为，没有技术增长就无法进行稳定的经济发展，而经济增长的原因又值得探究。

在宏观经济学中，没有调查就没有发言权，但极少有经济学家进行实际调查，有两个四字词可以表现，一个是每况愈下，第二个是每下愈况。每况愈下一般是指情况变得越来越糟糕，而每下愈况则代表调研越多，你就会得到更多的发言权。这可以部分地说明，整个经济学科存在一定的不合理性，经济学里更多强调模型的精密性，而忽略了模型与现实的复合。当然在最近的一段时间里，随着实证经济学的兴起，这种情况有所改变，这也解释了脱离了现实的桑格经济学并没有获得足够关注的原因。

利益集团如何影响发展：
印度及其他发达国家的例子

　　举一个佐证的例子，印度民主从表面上来讲是一种公平公正的民主，体现在一人一票进行表决，每进行一次大选，获选的那些人会获得一定权力，从表面上来看是个不错的民主的样板。但是从现实的层面上来看，印度很多上议院被地主所控制，地主一般是指高种姓的人，一旦高种姓的人控制了上议院，很多改革就无法通过。比如印度的土地产权总是模棱两可，这种模糊导致真正有产权的房子的数量极少，然而印度为了进行生产，不得不把许多本可以在当地产生利润的产业转移到海外，比如钢铁，它首先由印度将原料出口到日本，在日本冶炼成钢，然后再运回印度。按理来说，作为一个民主国家，它会有一定的调整能力，能够靠自己的领导层去修正错误方针，包括土地产权的问题，但是我们发现在很长一段时间里印度都没有整改，其中一个牵制是侍从主义制度（clientelism），即高种姓给低种姓的人教育，以及物质上的馈赠。如果大家参加过印度的婚礼，或者是高种姓人的婚礼，会发现他们在婚礼上大把地撒钱，通过给予当地的低种姓人或者普通村民一定程度的利益，从而获得他们在进行重要投票时的支持，继而维持高种姓人在经济和政治上的优势地位。其中就包括印度产权中的模糊现状，如果维持现状，对于大地主来说显然是绝对有利的。因此，虽然在某种程度上印度是民主的，但是这种民主被特定地区的人操纵着。民主的本质是赋予每个人权力，但在某种既行的权力结构下，民主制度实际是无法渗透到当地人生活中的。最终，他们还是被高种姓人利用并且绑架，这也是宏观经济学展现的肤浅民主，比如评分标准，并没有深入内部进行分析、解释。

我国如何摆脱利益集团的阻碍

回顾中华历史，很难想象一百多年前中国的政治和经济情况。我曾在历史课本上了解过庚子赔款，内容是要求我国赔偿八国联军四亿五千万两白银，不得不说是非常可耻的行为。奈何我国的监测比较少，在后来借助国外研究的基础上，发现中国多地发生灾情，从历史上来看，类似的情况数不胜数。曾有人写过一本书叫作

《饥荒之地》（*China: land of famine*），总结了从唐代以来，每一百年中国各个省受灾次数。从中可以发现，像河南、山西这些省份，每百年会发生十几次甚至二十几次的灾害，这是一连串骇人的数字。这些数字不难说明，在中华人民共和国成立之前，我们国家应有相当多的灾难统计，但中华人民共和国成立后，为何公众对于灾难的印象记忆减少了呢？这显然是因为我国修建了大量水利设施，使得我们对于资源调配有了更好的控制。读者朋友如果感兴趣的话，不妨拜读李文海先生编著的作品，从中即可知晓。在1912年至1949年，中国死亡百万以上的灾难发生了75次，20世纪100个死亡人数最多的事件，中国占了25个，被称作母亲河的黄河在过去两千年中，发灾一千五百多次，差不多每隔几年就发生一次。另外，我们确实发现自中华人民共和国成立之后，我国在各方面有了显著改善，比如水利方面的灾害明显减少，这与我们动用了大批量的人力、物力来兴修水利有关，充分体现了社会主义国家的优越性。

除了灾害的情况，也可以明显发现人均寿命的变化。在清代，人均寿命是33岁，到2005年，我国的人均寿命已经达到了73岁，在短短的百年间，我国的人均寿命猛涨40岁，人均寿命增长的主要原因是婴儿死亡率和孕产妇死亡率的大幅降低。在1949年，婴儿死亡率大致是20%，也就是说每五个婴儿就有一个死亡；而在2007年，我国婴儿死亡率降低至1.53%，接近发达国家的水平。与此同时，孕产妇死亡率也经历了一个巨幅的降低，在1949年中华人民共和国刚成立时，我国的孕产妇每10万人中就有1500人死亡，而到了2007年时，降低到每10万人有36.6人死亡。这也是我们国家在人文保护方面取得巨大进步的一个体现，这些进步是如何一步步实现的，是我们需要分析和思考的问题。

Stigler在1973年的文章中提出了一个重要见解，即Regulatory capture（管制俘获、政策俘获），Stigler是芝加哥学派，这是个相对来说比较右的学派，他认为各种政府管制政策实际上是无效的，而且这些政策有可能会被俘获。他认为在整个管制中，其实最需要管制的是大公司，大公司的实力往往非常强大，更有可能对相关管制的机构进行俘获。比如美国海洋能源管理局，它允许BP等石油公司在未获得许可证的情况下对墨西哥湾进行开采，这也导致了核石油泄漏事件的发生；又如日本福岛核泄漏案件，涉及的管制机构是NISA，这是设在日本经济省下的一个机构，而经济省主要的目的是发展经济。管制机构有巨大的旋转门，即管制机构高层官员在快退休时，会被调任到那些被他们管制的公司里，他们也不希望严格的管束致使他们旗下的公司破产，使得他们的声誉受到牵连，这已然成为一种心照不宣的潜规则。包括美国证监会的高管都被金融公司聘用，在庞氏骗局盛行时，麦道夫在2002年就被SEC调查过，但是调查结论是麦道夫公司不存在违法行为，实际是麦道夫的庞氏骗局出现了高达百亿美元的亏损，因此可以认为，大公司背后的利益集团可能会对当地政策产生巨大的影响。

反观我国，为何我国的经济一直在高速发展，但是并没有出现太多利益集团来影响经济呢？可能是因为我国的社会主义政党对于经济有积极的推动作用，这种推动作用可以归纳为以下几个方面：第一，我们有优越的政策，在制定政策的过程中把人民需求放在首位；第二，也是最重要的一点，我们在制定政策时，很少受到利益集团的掣肘。之前所说的印度利益集团，他们实际上能够控制整个印度的上议院，从而对不利于他们的法案进行排挤。但是在中国，有党的领导，党和政府不会轻易去打破某些利益集团的既得利益，而是充分地衡量。保护既得利益是否能够推动中国的长期发展，具体怎么推动中国的长期发展，又是一个深远的问题，我会在本书之后的章节进行进一步叙述。

第 **3** 章

私募基金

一个私募基金的例子：阜兴系

我们这一章主要讨论的是阜兴系，它本身并非特定体系，实则是一家公司，被公众称作阜兴系，其创始人是朱一栋，他当时建立了一家阜宁稀土实业有限公司，他的儿子朱冠成是现任董事长。这家公司刚开始的确像它的名字所说的从事稀土实体行业，但是后来变成了一个融资平台，从当地的老百姓手中，收集资金去炒股，最后被爆料出来，受到了法律的制裁。这是阜兴系事件的大致情况。

　　这家公司使用了许多金融平台，包括意隆财富、郁泰投资等，在各地集资，虽然最后被定性为非法集资，但可以看到我国私募基金操作确实存在巨大隐患。通过成立私募资金进行资金的吸纳，而且是私募基金，相对来讲受到的监管也比较少，在整个过程中，监管层对于私募基金的资金去向也无从得知。从资金上看，私募基金可以通过各种项目获得融资，而且可以通过银行贷款获得大量的资金，这些银行贷款可能都是间接贷款，尤其是通过银企合作的贷款，后文也会讨论相关的银行资金通过信托、理财产品的渠道，逐渐进入资本玩家手中的内容。私募资金最终来自老百姓，融资数额庞大，他们将这些钱投入股票市场，通过操作股价来获取收益。

　　曾经，有一个名为李卫卫的人，号称华北第一操盘手，据说朱冠成曾给李卫卫安排了高档的酒店常住，购置了机器进行股票操盘，同时操纵数百个账户，并制造各种假象，哄骗投资者进行股票投资。在这个过程中朱冠成也通过各种方式来配合李卫卫，通过上市公司和私募基金进行合作，最后获得丰厚回报，在短短四个月的时间里获利约66亿元人民币。我国散户比例巨大，这些散户不能说是不理性的，但是他们带有赌博性质，当有了某些可能会拉升股市的机会时，他们会觉得好像进入了赌场，只要布点能够跟对，就能够赚得盆满钵满，所以散户们倾注身家进行炒股，结果可想而知，在赌场跟庄家对赌，实际上赢的概率微乎其微。如果不是通过长期稳定的正当手段来获利，只是想通过短期的踩点，或者庄家操盘来获利的话，实际上非常危险，因为庄家的目的就是等待散户入圈套后疯狂收割。这种操作众所周知，但他们无法拒绝一夜暴富的诱惑。前文所说，朱冠成和李卫卫的合作交易异常顺利，但是难免出现差错，最后的崩盘是因为号称华北第一操盘手的李卫卫出现了差错。具体来说，他在当时建了大量老鼠仓，虽然他通过和大连电瓷内外勾结获利巨大，但他自己建立的其他老鼠仓投资了盈利微薄的股票，不得不用大连电瓷的资金来弥补他亏损的漏洞。为挽回大连电瓷，董事长朱一栋调来了大量的资金，但他调动资金的动作被监管部门发现，监管部门对他、老鼠仓以及参与人员进行了彻底调查。

其中有许多细节，当时李卫卫要求上市公司公布利好消息来配合操盘。朱一栋相继决策并发布，像高送转、大股东增持等，理论上，这种里应外合可以让他们大赚一笔，比如大股东通过在高位减持获益，但是当时因为李卫卫过度的自信产生失误，最后造成了连锁反应，最终导致全面溃败。李卫卫当时私自提高配资杠杆交易其他股票，最后因为其他股票的亏空导致资金被大量吸走，大量垫资的盘面不稳，阜兴系不得不利用自身管理的资管产品户，在二级市场买入大量的大连电瓷护盘，这也使得监管部门发现了其中的关联交易。其中存在一定的偶然性，如果李卫卫没有操盘失误的行为，那么大连电瓷也无须买入自己公司的股票，也不会兵败如山倒。这是个典型的案例警告，也许市场上有更多的操纵事件还未被发现。

▷▷▷

牌照的最优数量：
应该发放多少公募牌照

　　我国有众多牌照管制，如公募牌照管制，截至目前，据数据显示，我们国家公募基金有122家，而美国有9000多家。虽然122家公募基金有种类繁多的产品，但是实际上我国的公募牌照仍是较少的，于是当一个地区公募牌照数量比较少时，持有牌照的企业就会有很高的溢价。在这种情况下，如果股民进行投资的话，只能投特定的几家企业，不能投到他处，那么就会出现不容忽视的问题，那些获得溢价公募牌照的人，也不希望公募牌照增加。在公募牌照发得较少时，也会出现另一个问题，即监管者的人数有限。证监会有编制的工作人员比较少，原因之一是监管者数量稀少，包括我国的P2P暴雷事件，它的监管者只有寥寥几人，却需要监管全国的P2P平台，高峰时期可能需要同时监管几千家公司，因为人力有限，导致没有足够的力量去监管。一般来讲，公募基金涉及更多的资金，监管对它的管理更为严格，但是公募牌照数量实在太少了，造成了一定的问题。那么我国公募牌照发得比较少的后果是什么呢？在这种情况下，市场会出现大量的私募牌照，但是获取私募牌照要求不高，所以很多企业基本上在私募盘上为所欲为，缺乏有效监管。

除了牌照管制之外，还需要注意的是，在我国，一方面，股民普遍在经济学及公司财务方面的素养不高，有一个统计数据表明，大概66％的散户高中没有毕业，6％是文盲，说明我国股民整体教育水平偏低；另一方面，我国90％的交易都是由散户贡献的，机构只占了10％左右，相比国外差不多90％的交易都是由机构做的来说差得太多。在这种背景下，整个股市是由投机热情较高的散户构成的，这也造成了某些机构可能会压榨散户，以割韭菜的手段来牟取暴利。

我国的牌照管制比较少，对于监管方来说，他们理应减少监管人数。如果需要监管的企业较少，首先可以减少监管方的负担，其次因为监管方本身人数有限，当被监管的企业比较少时，监管方可以采用严格的管理政策。此外，还可以形成一定的转入压力，在这种压力下，监管部门可以通过审批来获取特别高的寻租，这是监管层面的问题。还有另外一种监管方式，在之前提到的P2P监管中，把P2P定义为信息中介，而非信用中介。所谓的信息中介与信用中介的区别主要是：信息中介实际是没有任何风险的，而信用中介存在很大的风险。我国基本上所有的P2P都是信用中介，持有巨大的风险。我们也可以反过来理解，P2P如果不是持有这种巨大的风险，后续也就不会产生一系列的暴雷事件，但是我国的监管部门，居然还把P2P定义成信息中介。这也是导致后续暴雷的重要原因之一，在监管过程中监管部门并没有起到良好的监督作用。

此外，在我国，当把另一侧的公募监管口收紧时，绝大多数基金申请公募变得极其困难，有心人就只能走私募。而我国对于私募基金的监管较为疏松，从另一个角度分析，市场监管逐渐放松了对于私募的监管，也因此形成了一个怪圈：因为这个行业风险高，所以不敢放开公募牌照，又因为不敢放开公募牌照，便有更多的基金以私募的形式存在，而以私募形式存在之后，增加了从事违规活动的概率，从而使风险增高。监管部门越没有办法放开公募牌照，越会形成逻辑上的怪圈。总的来说，我国对于公募牌照的管理力度不够，以至于那些私募基金，比如像前面提到的朱一栋和李卫卫所做的私募基金，实际上更容易从事各类违法活动。

股市进行操作的痕迹

　　就我国目前的国情来看，我国对于操纵股价的惩罚力度远远不够。对于一个罪犯来说，他的犯罪成本等同于他被捕概率乘以被捕后的惩罚，当被捕的概率过大时，罪犯不愿意犯罪；如果被捕概率比较小，通过提高罪犯被捕后的惩罚，也能够达到类似的目的。比如毒贩会铤而走险，通过各种方式进行贩毒，但是我国对于毒品零容忍，贩毒的成本是一旦被捕，基本上都是死刑。不过对于被捕之后的惩罚，相关部门也不能太过严苛，否则可能会面临新问题：万一犯罪嫌疑人被错判，后续的成本就会更高。总的来说，被捕惩罚和被捕概率两者可互相替代。

回顾我国国情，不难发现，对于操纵股价的行为，它的犯罪成本在两个方面都不具有足够威慑力，李卫卫事件就是经典案例，如果不是他擅自把资金引入其他股票，他的违法行为也许在短期内不会被监管部门发现。现今市场上还有不可计数的股票操作行为未被曝光，即便犯罪嫌疑人被捕，其所受惩罚相对于他们的犯罪所得也是微不足道的。回到李卫卫这个事件，证监会最终对阜兴集团仅仅处以100万元罚款，对李卫卫处以200万元罚款，并采取终身证券市场禁入的措施，对朱一栋、郑卫星给予警告并分别处以60万元、50万元罚款，对朱一栋采取3年证券市场禁入措施。虽然这些措施具有一定效果，但是这种惩罚也极易被规避。比如龙薇传媒收购万家文化事件后，赵薇被禁入证券市场，但是她可以通过间接方式继续炒股，如使用她母亲的账户进行各种投资，便可规避这种惩罚。当然现在也有处罚力度极大的案例，比如王法铜非法获利3.46亿元，证监会没收了他所有的违法所得，并处以10亿元的罚款，累计罚款13.6亿元。但是对于类似的事情，李卫卫四个月获利6亿元，而最后的罚款只有200万元，与王法铜相比，结果天壤之别，不禁令人唏嘘。

在此，简单介绍一下操纵股价的原理。操纵股价，看起来可能是极其复杂且神秘的事情，其实就是左手倒右手，股价的形成虽然不是随意的，但收盘价是可以被人为控制的。通过反复倒卖，提升股在整个股票操纵过程中，需要注意两个关键点：第一，当左手转售股票给右手时，即在拉高股票价格的过程中，可能会出现股价还没有到操纵者的预期价位时，就有人想将股票甩卖，这是他们最不愿意看到的局面。因此，为避免该情况，操纵者会在股价比较低的阶段将部分投资者全部剔除，也就是常说的洗盘行为。一般的洗盘行为是指故意造成一个很小的拉升，在大多数散户开始流入资金时，突然开始砸盘，使得部分人出局，这也类似于让资金量小的股民主动退出。第二，当股价到达操纵者的预期价位时，股票如何售出，这个时候操纵者会配合某些政策信息，劝说大家来接盘。对于刚进入股市的小白来说，很难知道股价的变动是否由庄家操纵；对于被"割"了好几次韭菜的散户来说，他们本应知晓庄家有暗箱操作的手段，但是在赌徒心理的影响下，明知庄家可能突然间会制造一个低位来开始洗盘，仍有不少股民执意入手。虽然后面有可能是一个高位的拉升过程，但是在实际的股票市场中，这种过程是不断变化的，很难知道何时股票价格处于什么阶段；这一波向上的行情，到底是庄家在做戏还是在做拉升，散户多数是为了搏一搏。对于身处赌场中的人，他们都知道自己身处何方，从事何种行为，短时间内可能盈利，但从长期来看，庄家赢的概率在51.8%左右，赌客赢的概率为48.2%左右，只要赌博次数足够多，最后肯定是赌客倾家荡产。在这种情况下，散户在股票市场不理智的行为，就如同赌博，庄家在背后不断操纵股价，如果散户长期持有，那么散户肯定难以逃脱被"割"韭菜的命运。

对于违规者的惩罚应当是多少？

　　前文讨论了操纵股价的案例，证监会也会通报这种市场操纵的案例，但是惩罚力度轻重不一。从数据上来看，在英国或者美国，类似于市场操纵、内幕交易的案件都会受到极重的惩罚，罚款高达上亿美元。但是我国对违规者的处罚，有的缴纳了上亿元的罚款，有的只缴纳了区区几十万的罚款，从这个层面上看，对于欺诈的罚款力度确实不足。那么，为何要加大处罚力度呢？因为罚款其实是要杜绝这些人通过非法行为获取不正当利益。例如电信诈骗，虽然简单来看，像一些电信诈骗者，落网后只需把诈骗所得上缴，并不是每次都能将他们绳之以法，电信诈骗犯被捕的概率只有20％左右，而他们每诈骗一次，背后可能有四五倍的非法收入，如果只是轻微的处罚，那么他们的违法所得完全足以让他们获得相当于普通劳动者几年的收入。所以，我国需要加强对于电信诈骗的惩罚力度。

　　另外一个案例是我国集体诉讼的缺失，比如A通过某种方式损害了B的利益，如果B没有办法联合其他人一起起诉A，且A拥有足够的资金去聘请优秀律师团队或通过贿赂官员的方式逃脱法律的惩罚，那么这个案子就会不了了之。在集体诉讼缺失的情况下，我国很难对一对多的犯罪行为给予一定的威慑。要想在我国进行集体诉讼，最难的一点是法院不提供受害者信息，如果想开展集体诉讼，就需要单独进行联络，运行效率随之降低了。然而我国法院其实并不支持提起诉讼，毕竟诉讼花费的时间较长，而国家又是通过结案率来判断法院的工作绩效的，因此在这种背景下，集体诉讼实际上不是一种非常好的追讨方式。

　　本章主要就阜兴系相关信息，给予简单介绍和分析。

第 4 章

银信合作

银行存在的意义和功能，
以及银行的脆弱性

这一章主要涉及银行与信托的问题，重点讲述银信合作。银信合作是中国目前的热点，也是监管重点。在论述这个问题之前，我们先简要谈论一下我国银行的功能。

在上课的时候，老师可能会对学生进行提问，银行的功能是什么？大多数学生可能会回答，银行的功能是存钱放贷，或者是吸收利差。实际上银行所具有的功能更重要。理论上，银行有两个功能：一是银行的代理监督功能。如果个人将自己手中的资金进行投资，那么个人需要收集相关的信息，当全部投资过程都是自己来监督时，这种信息成本是非常高的，更不用说同时监督多家企业。假如有一个中介来进行监督，这个中介可以代替所有人，只需要搜集一份关于某家公司的信息即可，如果这个中介实际上有规模效应的话，它就是代替大家收集公司的相关信息，并对其进行监管，我们称这些中介机构为银行。银行是一个非常重要的部门，从宏观经济学的视角来看，银行是连接国民储蓄和国民投资的重要组成部分，比如中国现在有相当高的国民储蓄，主要是因为我国的社保体系不够发达，大部分国民选择把自己的储蓄存在银行。那么这些储蓄有何作用呢？银行的第二个功能就是将户主存入资金投入风险较高的行业，起到资金流通的作用。如果银行没有起到资金流通的作用，而是把民众的储蓄投资在无意义的方向，即没有进行合理的投资，这便是银行的失职。因此，从这个角度来说，银行不仅在微观上增加了个人财富，它在宏观上也增加了整个国家的财富。

　　值得大家注意的是，银行里的储蓄本身并不代表有效的投资，储蓄只有在合理的投资下才能创造出社会财富。历史上有很多这样的例子，比如王安石变法。在北宋时期，宰相王安石主持的变法之一叫"青苗法"，原本大部分农民过于贫困，一般需要找高利贷或者向地主借种子，尤其是闹饥荒时期。于是王安石推出了类似于国家银行的机构，给农民发放贷款，农民在秋收时将种子归还放贷机构，并偿还一定的利息，这个利息比高利贷或找地主借要低很多，对农民来说是一项收益颇丰的变法措施。但在政治上，"青苗法"面临一定的反对，因为必定有不少地主的利益会受损，王安石的变法在政治上肯定会受到攻击和挤兑。以此看来，王安石变法成功的可能性不大。当国家把种子放贷给农民时，出现了物价上涨的情况，这是因为老百姓都把借得的钱先花光了，并没有想着偿还。一般的，区分一家公司的优劣并不容易，银行需要收集大量信息，才能够对信息进行筛选，但是一般的国家或是政府并没有足够的动机去做这种事情，政府的公务员没有强烈的经济动机，因此最后就出现了"青苗法"实施后无人进行监督，既不能将不同生产效益的农民区分出来，也缺乏在发放种子后监督农民偿还种子的有效措施，最终导致大规模的贷款坏账。通俗地说，也就是我们进行了投资，但是投资并没有任何的回报。这也是我们国家在20世纪90年代某些国企存在的情况，国企进行贷款后，缺乏还款动机。因此，虽说银行能够起到一定积极作用，但它也是脆弱的，银行任何小的动机上的不纯，都会导致银行在鉴别项目上的一些失误。考虑到银行在整个国民经济中起到的重要地位，以及任何动机上的失误，都会造成巨大的贷款坏账，使得银行难以起到连接储蓄和投资的作用，最终造成的损失也无法估量，这是本章预先阐述的银行放贷问题。

为何在前文说银行是非常脆弱的呢？因为其他企业生产的产品是易于鉴别区分的，对于银行来说，它实际上生产的是信息，银行能够区分公司的优劣，但外界很难了解到这些信息，大多数人并不清楚银行的职能，而且银行财务报表有太多可以粉饰的地方，从外界的角

▷▷▷

度来讲，很难看清楚银行是否准备了足够充分的信息产品。此外，银行还有两项工作使得银行职能复杂化，那便是事前监督和事后监管。所谓事前监督，就是银行需要区分不同公司的特性；事后监督则是需要督促那些公司去投资项目，这些都让银行本身的工作变得非常复杂。关于银行，历史上爆发的金融危机，从本质上来讲都是银行的危机，若是其他普通企业倒闭了，当地的人可能会出现失业，整个社会并不一定会受到太大影响，也不会出现系统性风险，但是对于银行来说，是具有巨大的系统性风险的。至于 2008 年的金融危机，主要就是银行的问题，因此银行是否能够稳定地运行，可以在一定程度上决定系统性风险。

为何银行会有系统性风险？首先，不同银行是互相关联的，银行之间可能会相互借贷，一旦某一个银行出现资金问题，那么其他银行也可能会受到波及；其次，因为银行是为整个社会存储信息的，包括企业标准，一旦银行出现了问题，就会造成一定的信息损失，从而造成相关的问题。虽然一个地区可能有很多银行，但是大多数企业还是依赖于特定的某家银行，而当该家银行倒闭时，会出现一系列的连锁反应，并且其他银行无法迅速弥补其资金短缺，导致所在的整个信息网出现漏洞，引发大规模的GDP下降。比如美国一个规模较大的连锁银行倒闭后，当地的GDP下降了1%~2%。另外，银行的风险非常高，容易发生不可测事件，从银行的财务报表可以看到，与其他企业不同，银行的杠杆率极高，一般在80%，甚至90%以上。因此在分析一个地方企业时，需要把银行和当地其他企业拆开来分析，这也说明银行在商业性质上，和其他公司是有区别的。在银行高杠杆的情况下，涉及另一个重要的问题——债务保险问题，因为银行负债很多而股权比较低，而股权比较低时，股东可能会赔到一无所有。而股东一般会有光脚的不怕穿鞋的心态，相对来说没有任何压力，会采取更多的赌博行为，因此一旦银行风险增加之后，相应的赌博行为也会增加，这也是要对银行进行大力监管的重要原因。在金融危机之后，不能让银行进行无序的扩张，因此《巴塞尔协议》对银行资本金有了一定的要求，让股权在整个资产结构中占到整个资产负债表大概8%以上，之后巴塞尔Ⅰ、Ⅱ、Ⅲ又有了不同的要求，一定程度上对银行有管制作用。

在我国，对银行的管制相对来说更为严苛，这个是完全可以理解的，因为我国在2000年就出现过大规模银行坏账，为了避免类似情况，我国出台了许多管理措施，其中包括《巴塞尔协议》要求的内容及其他，如存贷比、存款利率的上下限等。虽然现今大多数要求都被取消了，但总体来说，我国的银行监管还是较严格的。此外，我国对于银行的资金去向也会进行一定监管，比如不允许银行的资金进入房地产市场，也不允许进入股票市场等，这种强监管政策，可以极大程度上减少银行的系统性风险。一般的，银行需要提供的是固定收益，即给储户的钱是固定的，如果银行的投资风险非常高，难以分散风险时，那么银行会承担过高的风险，从而导致严重后果。从另一方面看，当银行面临过强的监管时，可能会产生某种冲动，如果某个地区监管过于苛刻，银行可能难以达标，那么银行会寻求更多的表外业务，而表外业务缺乏监管。因此，就出现了银行把表内业务转移到表外业务的操作。

在研究银行相关的问题时，还需要考虑一个假设，更多的银行是国有控股，这种情况在中国更加普遍，因此银行不会轻易倒闭。那么在这种情况下，应该放松还是加强对银行的监管呢？如果银行不会倒闭，它们可能会从事更多投机性行为，如果此时加强对银行的监管，银行可能就会通过其他的方式，将资金投入投机性的产品上，比如房地产。过去，我国的房地产价格都是单向波动的，因为地方政府受房地产商影响较大，对房地产价格的控制能力较弱，所以房价只有向上增长一条路径，只是涨得多与少的问题。总的来说，有三个原因造成了相同结果：第一，银行不会倒闭，因为有预算软约束，即便它可能会倒闭，政府也会出手干预；第二，银行即便受到极大监管，它仍然可以通过发展表外业务来进行规避；第三，房地产市场的单向波动。这三个原因最终导致银行相当大一部分资金通过表外业务进入了那些被严令禁止的房地产市场。

银信合作出现的原因：
过量的刺激政策

　　接下来介绍银信合作历史，前文我们提到银行虽然受到严格的监管，但是它可以通过其他方式来规避监管。因此，银行有大量的资金进入高额收益的房地产市场。那么银行是怎么规避监管的呢？下文主要介绍银信合作的方式。

　　银信合作在我国已经屡见不鲜，早在2008年之前，我国就有大量银信合作的案例，不过早期的银信合作方式比较单一，主要是通过打造新股市产品。具体来说，我们国家之前的IPO定价都是由政府制定的，政府基本上是按照大致23倍市盈率来定价，那么在第一个交易日，它的价格就会猛涨，这样就造成巨大的溢价，很多银行的资金也想参与其中，为了绕过监管，基本上采取银信合作的方式进行。但因为各种原因，尤其是2008年出台的中央文件表明，不允许银行参与打新股后，这些要小聪明的手段就基本断绝了；我国在2009年推出了4万亿元人民币的项目，这又是可以银信合作的。从政治上来说，这个项目主要是为了维持中国社会的稳定，以及让经济迅速发展。在此背景下，各政府需要大规模开展基建，而且在4万亿项目下有至少2.8万亿，即超过3/4的资金是需要由地方政府出资。但是地方政府自身实际资金缺乏，为解决这个问题，地方政府在中央政府的默许下从银行"借钱"，而银信合作就是被中央政府所默许的方式。银行通过发行自己的理财产品，将资金投入信托基金，再由信托基金将资金给到地方政府。

　　但是在2010年之后，我国又逐渐开始收紧银信合作的业务，政府开始逐渐退出。与此同时，中央开始严查地方政府所属的平台公司贷款，拟订当地政府融资平台名单，但是许多银行有大量的投放给银行的贷款，急需走一个新的渠道继续投放，因此表现并不积极。如果直接投给政府大量的贷款，那么企业贷款银行及个人贷款，短时间内都不会有迅速的提升。为此，2011年银监会出台了一系列的措施，要求把这些银信合作表外贷款转入表内，和现在的情况类似，因为表外业务的数量过于庞大，如果全部转入表内几乎是不可行的，若强制要求继续转入表内，将会导致银行"爆表"。这也反映了我国某些经济问题最后可能演变成政治问题，一旦开放某项经济政策，大家一拥而上，最后导致所有人面临同样的问题，那么政府无法将其转移到企业，导致出现银监会和银行的僵持。当银监会代表中央决心推出新政策时，银行已经"开弓没有回头箭"，因为银行实际上已经放出了大量的贷款，这些巨额贷款在短时间内无法转成表内，所以新政策在银行进行实际操作中就已经无法进行了。在2012年券商创新大会上，提出大众创业和万众创新，之前银行投资都通过信托公司联系，这两者都是归银监会监管，但是此时证监会鼓励券商、基金公司进行创新，希望自己旗下的经纪公司可以从银信合作中分得一杯羹，最后由银信合作变成了银证信合作。本来，银监会花费大量时间希望能够制止银信合作，但是在证监会参与后，出现了各种错综复杂的情况。因此，我们希望监管层能够意识到根本性问题，不能多龙治水，如果出现多龙治水，就可能会出现监管无效的情况。

▷▷▷

银信合作的监管问题

2017年，这种多龙治水的情况使得市场越发混乱，因此中央下定决心开始统一监管，正式开启"去通道化"进程，也提出了很多指导意见，比如只能嵌套一级、去刚性兑付、穿透式监管等。如果以后还需进行银信合作，那么只能嵌套一级，而此前可以做多级的嵌套。一个银行的项目，下属一个信托基金，信托之后再套一个信托，持续嵌套，到最后资金去向不明，也很难对其进行定价，因此基本上监管层只是疏松管理。而且在这个过程中，信托基金在其中起到的作用也不明确，信托基金只通过一个通道，应该仅提供少量通道费，比如1%~2%的水平，而且如果定义为通道，那么任何项目的违约，也不用这个通道来负责，完全由银行承担。但是银行会把资金投到信托基金，这个嵌套的过程，其实是信托基金将资金投到其他基金项目的过程，因此应该由信托基金承担某些风险，此前对于风险由谁承担尚不明确，因此监管需要将其澄清后再嵌套。另外一个监管层强调去刚性兑付，很多时候银行在给投资者宣传时，一般会表达他们卖出去的理财产品是保底的，但这种承诺保底的行为是被禁止的。关于穿透式监管，之前我们提到，银行资金流向是不清楚的，因此监管层提出了穿透式监管，从而压缩资金的操纵空间。

此外还需关注银行的资金池，以及其流动性匹配的问题。银行可能不断地投资短期产品去金融化一些长期的项目，在这种情况下，银行或者是信托计划都存在巨大的风险，因为银行不允许做资金池项目。2017年，

（谁提出的）也推出了相应的强硬监管，但因为银行本身问题，以及放出大量贷款问题还未得到解决，以至于银信合作贷款在巅峰时有20多万亿的规模，占到银行整个对外贷款的20％左右。因此，强硬监管的落地有些困难，而且之前放出的贷款质量难以保证，对于银信合作贷款中具体的风险承担主体也不明确。

上文提到了银信合作的大致历史，那么银信合作的后果是什么？从长期来看，银信合作肯定会对实体经济造成一定冲击，对于银行来说它面临两个选择：躲避监管或是接受监管。如果银行可以躲避监管，那么它的资金肯定选择投入获利快的项目，如房地产，之前我国的房地产价格是单向波动的，因此投房地产的利润是极其丰厚的；如果银行没有办法躲避监管，即接受监管，那么它们只能选择给企业放贷。而银行躲避监管的后果是，它把更多本应该放发给企业的资金投入房地产及股市中，损害了实体经济；另外，如果银行出现对外银信合作的贷款时，它的委托监管功能就会下降，即它的信息质量下降，也就无法展现它的信息功能。

从短期来看，银行很难做出实质性改变，更多的还是给房企贷款，如果将其转向给中小企业贷款，那么银行整体的业务线需要改变，这个事情就会变得复杂化，我们在后续章节再来论述。需要注意的是，我国的银行是一个巨大的信息黑洞，但我国银行的体量实在太大了，当信息从下往上传递时会有大量的信息丢失，值得政府部门关注。受我国体制的影响，有时对于底层的评价存在极端化的倾向，因此大银行在转型的过程中，只是做一些表面工程，很难进行真正的转型。

现在有一个核心矛盾，众所周知，信息的搜集是一项既困难又容易弄虚作假的工作，银行是否搜集信息我们不得而知，因此即使在没有搜集到信息时，它也可以谎称搜集了信息，操纵空间很大。如何解决这个数据信息造假的问题呢？一般是给信息搜集者强有力的支持，类似于小VC，对于小VC中的人来说，是以这家公司所有者的身份参与，他们有很强的动力去发展壮大公司。而我国的银行基本上都是由国家控制，而且银行的规模很大，部分基层的员工会认为自己的表现和银行的发展关联不大，虽然有绩效考核，但是绩效考核也容易被歪曲，所以从这个角度来说，银行并无适合的信息激励，使得将资金投向其他方向，如房地产。不需要搜集大量信息就可以日进斗金，当银行习惯这种获利方式时，甚至会出现银行部分业务线没有建立的情况，包括给中小企业放贷，这种业务职能的缺失也导致银行失职。

第 5 章

不良债务清收市场

中国不良债务市场：蓝海

在这一章，我们主要介绍中国四大资产管理公司。2017年，中国农业银行所对应的资产管理公司——中国长城准备上市，这也是四大资产管理公司中继信达资产和华融资产上市之后，第三家准备上市的资管公司。中国长城在2017年前九个月收购金融不良资产730.03亿元，同比提高120.17％；处置金融不良资产225.89

亿元；收购非金融不良资产563.33亿元，同比增长160.89%，有接近200个企业积极寻求与即将上市的中国长城进行合作，市场中的投资者热情高昂。时任中国长城资产管理股份有限公司副总裁的孟晓东认为，市场规模总量在不断增加，商业银行的不良贷款余额总量也在迅速增长，与此同时，在供给侧改革的大背景下，经济结构调整速度会逐渐加快，产品的转型升级也会逐渐加快，使得处置不良贷款在未来是一个朝阳行业。有人可能会认为，如果出现违约那么立即处理违约事件，事情就解决了，但是在现实生活中，违约之后还有一系列的相关事件需要处理，有一系列非常复杂的程序，在其背后也蕴含着庞大的行业。

不良债务市场：
规模经济还是规模不经济

此处举例说明，如果大家面临同样的违约率，为1％，但有些在违约之后能收回90％，有些只能收回10％，那么对其资产进行定价时，也会呈现明显的差别，对于能收回90％的资产相对来说安全性要更高；在违约之后能够收回多少，从某种角度来看并不取决于违约本身，而是取决于大家对于风险的判别。2016—2017年，我国银行的不良贷款持续攀升，当时不良贷款率已告别"1"字头，升至2.08%（之后略有下降，2018年为1.5%），当时我国总的贷款余额是100多万亿元，接近200万亿元，而银行在资产配置表中显示的不良率在2%左右，这意味着不良贷款的余额在2万亿~3万亿元。与此同时，我们还需要注意，小贷公司和其他非银机构也有5万亿~6万亿元的贷款，因此，我国违约之后的清收总量在8万亿元左右，这个规模在当经济下行时期是不容忽视的。在目前背景下，清收行业迅速发展，这也会出现一定问题，清收行业是规模经济还是规模不经济？如果它是规模经济，大的资产管理公司有获得相应牌照的动机，在整个过程中迅速发展，也会面临极强的逆向选择及道德风险问题。作为一个国企，如果进行清收，体制的原因，掌权者无法把钱转移到自己的口袋里，因此银行进行清收的动机不强。相反的，对于PE，我们一般认为私募基金规模比较小，每个人都有这种动机。类似的，教育行业中也没有足够大规模的机构，每个人更有可能全力以赴，提高产能。

不良债务的清收方式

接下来我们讨论企业违约后，进行清收的几种方式。从传统手段上看，有三种方式：第一种是自行清收重组和减免，银行自行清收自己的坏账，但毕竟银行并非专业的资产管理公司，自行清收费时费力。第二种是自主核销，面对这些难以回收的坏账，银行可直接进行核销，但对于银行来讲，它会面临各种考核。核销会直接减少利润，如果坏账过多，核销金额大，那么对于提高它的坏账准备金也有一定影响，而且银行核销还会影响到其他经济体，如税务部门，银行一旦核销，相应的税收也会减少。第三种是对外转让，银行将自己的不良资产以某种价格转移给四大资产管理公司，资产管理公司对其进行清收。在这一过程中，体现了清收行业的特性，首先涉及两个概念，"冰棍理论"及"好苹果和坏苹果理论"，"冰棍理论"是2001年时任中国华融资产管理公司总裁的杨凯生提出的，他认为冰棍拿在手中它会不断地融化，银行不良资产也是如此，它将随时间的推移加速贬值，因此资产管理公司需要对其资产进行迅速清收，否则资产的价值贬损非常快。例如，一个屠宰场出现了问题，但是没有及时进行补救，很快所有的收购商都发现了，并结束合作，以致屠宰场很快破产。"好苹果和坏苹果理论"讲的是，在进行资产转让时如果有许多坏苹果，那么会拉低好苹果的预期价格，使得整个市场的定价降得非常快。

　　总而言之，传统手段中资产快速对外转让是一个相对合理的方式。此外，还有一些新型的手段，包括债转股及不良资产证券化，但这两种都会面临一个定价困难的问题，虽然有行政命令的强推，但是除此之外的资产也难以定价。在清收的过程中，很多是通过司法拍卖的形式进行的，但是也有通过私下转让的渠道，理论上银行的资金可以流转给任何人，但如果银行将其坏账卖给私人企业，多少会有造成国有资产流失的嫌疑，因此大规模的坏账处置，总是需要交付给资产管理公司。在资产包逐级下卖的过程中，会逐渐出现一定的价格波动，2014年是3~4折，而到了2017年涨到了5~6折，最近的价格又下降到3~5折。造成2017年价格上涨的主要原因有以下几个：第一，华融曾进行放贷业务，而没有从事主业，当它们被要求回归主业时，华融就进行疯狂收购，甚至在抢购资产包时价格超过了100%；第二，2017年，P2P发展迅速，它们从民间融资了大量资金之后，将其投入资产包市场，虽然P2P宣称，它们会通过大数据将资金投入多种渠道，但是根据一季报资料显示，它们并没有运用其所谓的大数据。我们也发现，不良处置年化率在15%~20%，在当时背景下这是一个不错的数据。资产管理公司每年收购大量资产包，但受制于处置能力，处理这些资产包仍然有心无力。

不良债务市场中的重要参与者

从我国资产处置行业发展历史看，我国四大银行——中国银行、中国农业银行、中国工商银行、中国建设银行（现在已经变成六大银行，即中国银行、中国农业银行、中国工商银行、中国建设银行、交通银行和中国邮政储蓄银行）在1999年，因为各种原因出现了严重的坏账问题。为解决这个问题，国家打算将这些银行的坏账剥离到资产管理公司中，因此经国务院批准，相继成立东方、信达、华融、长城等资产管理公司，负责管理中国银行、中国建设银行、中国工商银行、中国农业银行等所剥离的不良资产。由财政部出资400亿元，央行出5700亿元再贷款，四家银行共发行8200亿元债券，用1∶1的比例来剥离资产，同时规定四大资产管理公司的存续期只有10年，在2009年之后进行商业化转型。但在2005年发现，四大资产管理公司的规模已经非常大了，让它们转型已经不太现实，因此只能继续运营。随后，东方收购了中华财产保险，转型偏向保险方向；长城和对应的农业银行一样走中小企业路线；赖小民时任华融的董事长，比较激进，华融偏向走大客户路线，包括给各地政府放贷等；信达主要是处置地产的非金融资产。

　　四大资产管理公司主营业务主要有处置不良资产、信托业务及投行业务等。首先来讨论不良资产处置业务，资产管理公司以相对低价收购资产包再收取其溢价，比如一般资产包可能可以回收40%~50%，那么资产管理公司可以以30%左右的价格购买资产包，从而获得其中10%的溢价；信托业务，主要是指资产管理公司可以在银行间市场发债，也可以借助信托的方式，投资地方的房地产项目等。不过公众对于四大资产管理公司的感观上还是认为其效率低下或是依靠关系来开展业务；同时，资产管理公司也面临各种各样的竞争，2012年，为了促进资产回收的效率，在四大资产管理公司的基础上，我国又成立了一定数量的地方资产管理公司，到现在地方资产管理公司有63家，基本上每个省份有2家，经济发达的省份先获得成立资产管理公司的权力，后慢慢地在其他省份拓展。

在资产管理公司的监管上，中央的资产管理公司由中央来监管，其中包括银保监会和证监会系统，地方的资产管理公司则是由地方监管，但地方资产管理公司基本上又是挂靠在地方国资委下面。这时就出现了一个地方政府既当裁判员又当运动员的问题，有关地方的资产管理公司监管是否有效也成为争论的焦点。

地方资产管理公司主要是协助银行进行不良资产的出表，以及作为私下的破产重整组织者，召开私底下的债务人会议（会议主席一般是最大的债权人），进行

▷▷▷

债权梳理及资产清点；地方资产管理公司还可以收取通道费用，从一些大型资产管理公司中获得资产包，然后继续分给下面的公司。此外，地方资产管理公司还可以给一些更小规模的私人公司提供劣后资金，虽然相对中央资产管理公司，地方资产管理公司的融资成本其实不低，比中央资产管理公司2%～3%的融资成本略高，但对私人公司而言是具有巨大吸引力的，因为地方资产管理公司的主要目的是进行资产处置及清收不良资产，所以它们对于信息搜集能力的要求非常高，承担的风险也非常高，而且私人公司在银行间市场的融资能力不足，因此私人公司寻求与银行间市场公司进行合作，变成了一件合乎常理的事情。此外，除了地方资产管理公司以外，还有一些民营资产管理公司，民营资产管理公司主要是从事地方资产管理公司不愿意处理的业务，收益非常大，民营资产管理公司可能与法院或者是地方政府有相关的联系，它们对于判决等有一定的把握，因此才可以进入这个行业。除此之外，民营资产管理公司还可以设立私募基金，用四大资产管理公司作为GP（普通合伙人），民营公司作为LP（有限合伙人），LP再受让股份给更多的投资人。

关于银行不良资产出表业务，如果银行不良资产留在资产负债表内，那么需要计提这些不良资产，因此会对其利润造成不小的损失，于是银行就有很强的动机将这些不良资产出表，出表的方式一般是与资产管理公司合作，让资产管理公司买入他们表内的不良资产。理论上来讲，出表的价格大致是面值的30%~40%，这主要是因为他们预估的银行不良资产收益率是在30%~40%的水平，如果想让一部分利润给资产管理公司，那么此时的出表价格可能是20%~30%，但是在现实中，我们发现很多银行的资产管理公司出表的价格都是100%，这主要是因为银行与资产管理公司进行了合作，银行让资产管理公司以一个较高的价格来购买银行的不良资产。在现实中，银行不良资产出表的同时，也没有产生相应不良资产的损失，表面上资产管理公司以极高的价格甚至是原值购买这些资产，受到极大损失，实际上这些合作的背后有一系列的抽屉协议，把资产管理公司本身要承担的损失又转回到了银行，具体的操作是：双方签收一个委托清收协议，因为资产管理公司有各种各样的融资限制，因此首先需要银行借一笔资金给资产管理公司，以便资产管理公司用这笔资金顺利购买银行的出表。与此同时，由于资产管理公司对于出表业务不熟，无法进行清收，而且风险最终还是要还给银行，因此它们需要建立一套规则，即银行与资产管理公司进行一定的合作，资产管理公司与银行签订一个协议，由银行负责最后的清收工作。简单来说，资产管理公司首先购买银行的出表，过了两三轮之后，资产管理公司把表传回银行或者传给下一个资产管理公司，抑或继续持有，也可能是传给银行指定的第三家机构。在这一过程中，资产管理公司起到通道作用，使得银行虽然有大量的坏账，但资产负债表上并没有体现实质性的损失。对此，2019年7月，监管方出台了资产新规，但监管方也清楚这种行径，也有足够的证据证明银行从事这种活动。比如2014年后，我国的经济增长率下降，部分企业利润下降，甚至破产，在这种情况下，银行不良率应该会逐渐升高，但是实际上银行的不良率非常稳定，仔细来看基本上都处于1.6%~1.9%，这说明银行在最大限度上隐藏了不良率，其中最主要的隐藏方式，就是通过与资产管理公司合作。

另外，不良资产的出表在最大限度上降低了银行的动机，当银行负担有不良率，那么它们会改善经营的动机，一旦不良率可以很轻松地出表，那么银行代理监管的动机就变得非常弱。与此同时，当银行出现坏账之后，银行员工对于坏账的清收也会难以为继，因为他们会认为坏账结果已然无法改变，且不会影响到个人利益。银行的年终奖评价体系有30%~40%与不良率挂钩，一旦不良率提高，那么员工就无缘年终奖了。比如在2017年，我国银行的不良率有一个小幅提升，大致有0.4%的增长，整个行业哀鸿遍野，银行员工基本上都拿不到奖金，因此大家对于不良率的提升也会有比较审慎的态度，不轻易提高不良率，这也导致了需要通过其他手段出表不良资产。

在前文，我们主要讨论了银行不良资产出表的问题，那么为什么银行要承受这种破产呢？首先，银行的确对于资产质量的把控不过关；其次，银行很大程度上受到地方政府的影响；再次，更重要的是我国资产管理公司的效率较低，相对来讲，它们不是一个私人机构而是国有机构，而国有机构在搜集信息方面存在较大不足；此外，我国很多资产管理公司看起来是资产管理公司，但实际上是协助银行进行出表的一个工具，而且其利润非常可观，比如出表一项50亿元的不良资产，每年差不多有3‰的收益率，两三年之后有1%的收益率，那么大概每年就能够赚取2500万元的利润。而在我国，有一半以上上市公司的利润达不到2000万元。因此，的确存在强大的经济动机，促使银行把利润转移给资产管理公司，从而来掩盖银行的坏账，这也是我国目前急需解决的重大问题。

第 6 章

定增兜底和商誉

为何需要定增兜底

在本章，主要讨论定增兜底与商誉这两个主题。

首先，我们看一个定增兜底的案例，环能科技控股股东环能德美投资所持有的公司股份（以下简称"环能德美"）与上海达渡资产管理合伙企业（有限合伙）（以下简称"达渡资产"）互相起诉，达渡资产认购环能科技定增份额之时与环能德美签订的"抽屉协议"被曝光，具体来说，在环能科技2016年的重组过程中，公司以发行股份及支付现金的方式，对价2.15亿元收购了四通环境65％的股权，同时进行募集配套资金的安排，最终环能科技以32.03元/股的价格向两名特定投资者发行543.92万股，募集配套资金1.74亿元；在达渡资产方面，它通过旗下的达渡定增1号私募投资基金耗资1.6亿元，获配499.53万股，占发行后总股本的2.69％，截至2018年3月底，达渡资产持有1049.72万股，占总股本的2.8％，位列环能科技第二大股东，随后在4月有一些减持行为，这里暂不讨论。在整个过程中我们会发现，达渡资产认购的环能科技这些增发份额实际上存在定增兜底，换言之，环能德美向达渡资产私下承诺，完成认购之后会在未来18个月后进行套现，如果套现的价格相比于两年前的价格，即现在的价格低于所对应的每年平均年化收益率8％时，环能德美需要补偿相应的损失。随后，环能德美在2017年年初完成了配套融资，增发股份正式上市。然而，当时环能德美二级市场股价连遭重挫，至达渡资产减持之时下跌了44％，与定增发行价严重倒挂。在此情况下，理论上环能德美需要补偿达渡资

▷▷▷

产，补偿其PE更多的资金，但是现实中，在达渡资产尚未减持的情况下，环能德美于4月13日反而对其提起诉讼，原因是前者没有达成"发起设立总称为绿色低碳基础设施投资基金的、面向具体投资对象的系列基础设施投资基金"这一战略合作关系前置条件，同时存在虚假陈述和误导行为，要求解除定增兜底协议。在清仓减持之后的5月份，达渡资产反击，对环能德美提起诉讼。达渡资产认为，自身积极履行了合同义务，环能德美单方面要求解除战略合作协议并终止履行差额补足义务，要求其支付补偿款、违约金及其他费用共计8424万元。

抽屉协议是否有效

在这个案例中，主要涉及抽屉协议，它是一系列不完善的协议，因此，既然不能摆上台面，那么抽屉协议就是一种违法违规的协议。其实抽屉协议是正当的，只不过大股东的保底承诺一般比较低调，比如《保底协议》作为甲乙双方的真实意愿表达，需要按照作为特别法的《证券法》《公司法》优于作为一般法的《合同法》进行，但根据《上市公司非公开发行股票实施细则》《上市公司证券发行管理办法》，大股东作为被限制主体，只要没有涉及操纵股价损害社会公共利益，则不属于法律法规禁止行为。因此，我国的法律对这一方面并没有直接管辖。与此同时，正如前文所讲述的，操纵股价的行为被监管部门发觉的概率很小，而且证监会大多对此也漠不关心，因此抽屉协议的法律效力，在实际中也是很难进行认定的。种种因素叠加，最终公众会认为抽屉协议是可行的，市场中也大量存在抽屉协议。举一个简单的例子，在北京很多车没有车牌，有人会搞车牌出租，比如每个月花2000元租一个非电动车车牌，或者600元租一个电动车车牌，那么这些行为就类似一个抽屉协议，但是这种做法触犯了我们国家对于车辆的管控，国家有关法规明确规定车牌不能进行出租出售，因此，这种抽屉协议实际上是违法的，且这种违法的成本会转移给租车牌的。抛开租车牌里面的巨大法律风险，它还存在一定的经济问题，即其会暴涨暴跌，这也是定增兜底面临的风险。

所谓定增抽屉协议，是指上市公司大股东与定增投资人私下有"保底承诺",如果解禁时,股价跌破了增发价,投资人抛售股票亏损,则由大股东来承担此风险,进行兜底,给投资人补足差额。此外,在我国,大股东对股价有一定的影响力,在某种情况下,定增抽屉协议会产生很大的负面影响,比如在环能德美案例中,两年之后,大股东为了不赔付低于8%收益率的价格差额,那么他们可能会对股价进行一定的幕后操纵,即便上市公司基本面不达标,他们也会短期内出利好,抬高股价,吸引短期投机资金溢价,做定增以便快速离场。其实,定增抽屉协议类似于股票质押,一般情况下,如果公司可以影响股票,当股票价格下跌,并低过了股票质押的平仓线时,那么公司会操纵抬高股价,使其远离质押线以防被平仓,因此所谓的定增兜底也增加了股东对于公司的影响。从整体而言,定增抽屉协议造成的负面影响,主要体现在有的大股东为了"护航"定增、避免回购,在定增股票解禁前后频频释放利好,涉嫌利用信息优势抬升股价。同时,套利资金在限售期满后集中减持,会对市场形成较大的冲击,不利于保护中小投资者合法权益。

为什么要做定增抽屉协议呢？主要有三个方面的原因：第一，上市公司本身基本面不达标，市场对其信心不够，其发行定增的时候比较困难，只能通过保底方式来完成定增。那为什么要定增呢？当公司进行增发时，需遵循强制分红政策，且分红低不允许增发，而向为数不多的大股东进行定向增发时，过程中签署的协议不需要公开，而且只需在固定的时间让参与者套现离场即可，相对来说风险更小，因此大部分人会选择定增；第二，大股东对公司的未来发展和股价非常看好，可以趁机出保函，在自己不出资的低风险下，也可以分享后端的收益；第三，投资人有雄厚的背景，不得不让上市公司承诺定增保底。

2011年定增市场冷淡，大部分项目基本面无亮点、募投项目不被看好的公司定增项目并不受关注，为避免无人捧场的尴尬，大股东便用兜底承诺来吸引投资者。而在2014—2015年牛市时，大家参与热情高涨，投资机构几乎不问项目、不问定增方向，甚至不计成本地高溢价参与定增报价，此时大股东心态也开始发生变化，除了承诺给投资者保底，还出现了抽屉协议，即当公司配合各种资本运作拉升股价后，公司大股东要求将兜底之外的收益按比例分成，类似于"空手套白狼"，随着中国经济的下滑，出现了大量锁定期的定增项目破发的情况，2016—2017年，破发数量已经达到237家，占到统计总量730家的32.46％，这表明，更多的定增需要公司兜底赔付差额，而公司赔付真金白银的可能性很低，更多的是通过操纵股价的方式完成协议。

我国为何有如此巨大的商誉

2016年，定增市场达到将近1.6万亿元，而同一时间的IPO只有不到2000亿元，说明受IPO审批的限制，IPO上市困难，大部分企业通过其他方式实现变相IPO，比如企业定增后开展兼并收购。兼并收购也变成了上市公司卖门槛的行为。在我国，一级市场和二级市场之间存在巨大的套利空间，比如一级市场PE值只有8倍，二级市场可能就有20~30倍，甚至新的公司高达100倍。当这些公司有高PE值但是又无法上市时，他们会寻求上市公司将这些非上市公司收购，从而实现对一、二级市场价差的套利。在我国兼并收购基本上无人监管，且公司管理层不受股东的控制，双方都乐于达成合作，兼并收购市场迅速壮大，上市公司的商誉数量也快速增长，全A股商誉从2014年的3331亿元增长到2017年的1.3万亿元，而2017年A股上市公司利润为3.3万亿元，其中26家银行股占了1.39万亿元，其他公司只有2万亿元，市场中高商誉问题逐渐凸显。2013年，商誉占净利润比重为8.42%，而到了2017年上半年就暴增至33%，如果将缺乏商誉的金融业从中剔除，那么2016年、2017年上半年的净利润几乎和商誉余额持平。一旦商誉出现减值，对公司利润将产生重大影响，商誉减值稍微大一点，可能整个利润就会被吃掉。2014—2017年，A股市场商誉减值损失实际发生金额从32.28亿元涨至364.86亿元，占整个同期净利润11.1%，短短四年内涨了10倍。对于微小公司来说，这些商誉减值足以迅速磨平利润。

高商誉的背后，暗含了资本利用并购进行利益输送。比如中钰资本与金字火腿并购案例中，金字火腿收购中钰资本，同时引入中钰高管进入董事会，结果中钰资本的高管反而控制了金字火腿，频频借助金字火腿这家上市公司，至少进行了七次减持，套现近9亿元。中钰资本借助上市公司平台收购的公司中，有几个公司本身就是中钰资本投资的公司，如晨牌医药、瑞一科技，将其并购进入金字火腿旗下，主要也是为了让这些中钰资本的股东进行套现。在晨牌医药案例中，中钰资本旗下五只产业基金从2013年2月至2016年6月至少耗资1.71亿元逐步控制晨牌医药，而交易价格为10.56亿元，中钰系资本从中获得约8.5亿元的利差空间。类似的情况也发生在瑞一科技，中钰资本旗下两只基金花费8136.63万元潜伏控制瑞一科技74.61%的股权，一年后，营收4379万元，净利润才852万元的瑞一科技却被估值2.42亿元转手卖给了金字火腿，一年实现利差超1亿元。从中可总结出一种典型的利益输送方式：当一家公司被其他资本所控制时，那么这个资本会通过各种方式，将自己旗下所收购的资产高价转手，从而套取利益。

　　这种利益输送，也使上市公司累积了相当大的商誉，商誉占净资产的比重非常高，甚至在2018年上半年，很多公司商誉占净资产的比重非常高，尤其在传媒领域，有44家公司的商誉占净资产的50％以上。以紫光学大为例，其于2015年收购学大教育，产生巨额商誉，到2018年第三季度末商誉价值达到15.27亿元，占净资产的比重高达1171％，也就是说商誉的价值是净资产的11倍多，昔日中概股私有化回归A股的标杆企业，如今沦为卖壳股；商誉占净资产比重排名第二的凯瑞德，连续受到证监会的两次调查，从主营棉纺生意到近年来连续收购互联网金融公司，比如投资5亿元控股P2P爱钱帮，投资8.2亿元收购乐盟互动，产生商誉1.74亿元，占净资产比重的389％，是净资产的近四倍。高商誉的背后代表高价收购，涉及中间各种利益输送，最后实际损失中小股东的利益。此外，高商誉还可以美化资产负债表，使得公司的总资产"升高"，从而使得公司的杠杆率降低，但也埋下了巨大的风险隐患。

摊销还是减持？
一个困难的政策选择

　　我国的商誉是一个特殊的例子，不像无形资产每年需要进行摊销，商誉主要是进行减值测试，通过第三方测试这些上市公司的商誉是否达到减值的必要性，如果必要那么就进行减持，否则不进行减持。这个过程中，出现了第三方与上市公司的合谋，也类似于2014年新华医疗收购成都英德案例。新华医疗公告显示，成都英德2014年未达到业绩承诺，新华医疗2014年年报，却没有计提商誉减值准备，为了回应质疑，新华医疗聘请了所谓的专家，并在2015年5月出具了专项核查意见。专家们认为虽然业绩有波动，但是处于合理区间，并强调行业向好经营，因此不需要计提减值。这也说明了我国对于过高的商誉，其实是有减值措施的，事实上却出现了很多公司不进行减持的情况。回顾我国历史，在1996年1月，财政部颁布《企业会计准则——企业合并（征求意见稿）》，规定了商誉的摊销年限一般不超过10年，如果企业合并则必须进行摊销。2006年，对《企业会计准则——企业合并（征求意见稿）》进行修改，《企业会计准则第8号——资产减值》规定，每年年终企业应该按照资产组或资产组组合对商誉进行减值测试，比较这些相关资产组，或者资产组组合的账面价值（包括所分摊的商誉的账面价值部分）与其可收回金额，如相关资产组或者资产组组合的可收回金额低于其账面价值，应当确认商誉的减值损失，计入当期损益；而这种商誉减值测试，相对于摊销存在更大的操作空间，容易出现企业洗脱的情况。我国ST退市制度规定，连续三年亏损，

▷▷▷

企业不需要每年减掉利润亏损，等到合适的亏损时机时再一次性计提亏损，这种行为给投资者带来了巨大的损失，但相关企业不仅可以东山再起，还可以通过后续的利润从而保住根基。

何时进行商誉减值，也变成管理层调节利润的手段。2018年，大量黑天鹅爆发，主要源于商誉的大规模减值，甚至多次出现动辄几十亿元的亏损，给无数投资者带来了巨大影响。典型的例子是坚瑞沃能，它在2016年4月斥资52亿元溢价收购"锂电明星企业"沃特玛100%股权，并因此产生46.13亿元的巨额商誉，2017年因沃特玛业绩未达预期，坚瑞沃能对收购时所产生的46.13亿元商誉全额计提减值损失，当年上演业绩"大变脸"，净利润亏损36.84亿元，坚瑞沃能股价也从高位13.51元一落千丈，跌至如今的不足1.5元。

值得一提的是，在现行商誉减值的情况下，如果再次施行摊销的方式是不太现实的。我国很多公司在疯狂收购其他企业过程中，已经积累了巨额商誉，如果商誉按10年摊销，会发现很多上市公司的利润无法将其覆盖，如国创高新，其商誉摊销金额占净利润高达682%。虽然采用摊销的会计准则更加科学，但很多上市公司会因为其未来摊销太大，可能导致未来十几年难以盈利从而退市，因此这些公司会利用各种方式，使得监管层难以做出决策，将会计准则改减值为摊销。同时，监管层也会考虑1.45万亿元的商誉，其实是A股市场的搪塞湖，如果贸然改变，会牵连到目前的一系列政策，最为合理的摊销也成为未来讨论的话题。

很多公众或许会思考，其他国家的上市公司商誉，也占据相当高的比重，美国纽交所主板和纳斯达克市场、英国的伦敦交易所及加拿大三个市场商誉总额占净资产比重分别为4.23%、21.31%、20.26%，占净利润比重分别为38.73%、342.02%、324.38%，这两项指标均高于A股，就单个公司而言，波音近三年的商誉平均是净资产的6倍，联合包裹服务（UPS）的商誉是净资产的4.6倍。那为何没有类似我国的情况呢？主要原因是，我国上市公司商誉是短期内通过并购迅速累积起来的，而且许多公司也通过兼并收购的方式实现上市，而在欧美国家，其商誉背后的兼并收购行为，并不是短时间为了迎合题材进行炒作，有更多的业绩支撑。同时，我国监管也不到位，可能造成不合法的兼并收购，留下巨大的商誉减值的可能性。

第 7 章

高送转

公司的分红政策应该是怎样的

高送转，首先从名称上看，和经济学或许关联不大，因为它是使用股份进行分红的一种方式。

目前绝大多数情况下，企业主要是使用现金分红。早在1955年，就有人研究美国股票市场的现金分红，并发现美国股票市场虽然没有强制分红的要求，但是分红的公司还是占大多数，而且股息稳定。这种稳定可能来自股票市场对上市公司的某种隐形监管，一旦股息变动，对整个股票价格的变化影响是不可估量的，这几个规定也适用于目前的大多数国家。

　　而在我国，公司的分红并不连续，不同年份的分红情况各不相同，有统计数据表明，连续11年参与上市公司分红的公司数量占比尚不足10％。此外，我国的分红政策带有半强制性，如果哪家上市公司不进行分红，那么接下来，该公司将无法继续公开发行它的股票。而理论上，无法继续公开发行股票，对其有很强的威慑力，毕竟该公司IPO时一般只发行25％左右的股票，需要其后续逐渐增加股票。然而，在我国半强制分红政策的定性监管阶段，分红与不分红的上市公司数量却是基本持平的。对于普通投资者而言，每次少量的分红对于他们的心理预期冲击并不强，他们更追求短期赚取大量财富，股票市场也逐渐成为投资者的赌场这样的存在。

为何高送转这么火

　　高送转，从经济学上，更多的是解释为一种信号，避免出现信息不对称的逆向选择问题。当投资者在选择投资某家公司时，并不知道该企业的基本情况，那么该公司会采取行动宣传自己，这种行为被称作发信号。发信号对于优秀的公司而言，虽然有一定的成本，但正是这些成本，才能让那些小公司望而却步。比如分红就是一种发信号的行为，让投资者区分不同企业的优劣，优秀的企业通过分红的方式，将部分盈利分给投资者，而小微企业想模仿则需要面临更多的问题，比如没有足够的现金流及破产成本等。

前文也提到高送转的实质，是利用股份进行分红而非现实资金，如果某股东原来持有这家公司10股，高送转再分给投资者10股，那么所有人都会再增加股份，但所占的公司原有股份比率不变，这实际上对于投资者没有太多的意义。在这种情况下，高送转实际上就不是一种信号。理论上优秀企业发出信号时，小微企业是无法模仿的，但是在这种情况下，出现了双方都可以做高送转的情况，高送转不需要像现金分红那样将真金白银进行转送，企业只需要付出很小的成本，比如新闻炒作，就可以发布高送转消息。因此，高送转不能够作为判断标准。那么高送转又有何现实意义呢？

首先，高送转提高了股份流动性。如果公司股价涨幅过高，那么每次交易额度就会变大，流动性就会降低，后续股价的上升也会变得缓慢。当把股票分拆后，

▷▷▷

10股拆成了20股，其价格也会降到原来的一半左右，对公司的流动性有一定的提高。那么，高送转提高了公司股份的流动性，是否就可以用来判断这家企业的优劣呢？巴菲特麾下的伯克希尔哈撒韦公司，它的股票接近25万美元一股，但是大家还是趋之若鹜，并没有出现流动性的问题，后来被证实是其公司高管通过打着提高流动性的口号，带诈骗性质呼吁投资者购入该公司的股票。另一个典型例子是，乐视网贾跃亭在2017年提议，向所有股东每10股转增20股，理由中有句话是"为能与全体股东分享经营成果"，后来这种做法被证明是毫无价值的，因此流动性作为股票拆分的理由并不成立。

　　其次，"显著效应"。股票市场有数以千计只股票，投资者注意力有限，绝大多数情况下，投资者的眼光只是关注几只股票。有些公司为了吸引投资者的注意力，故意炒作新闻，在获得投资者的高度关注后，这些公司的股票表现可能会向好发展，不过随着投资者的信息处理能力提高，真正的好股票不会一直埋没下去，因此，显著效应解释高送转仍是牵强。总之，目前难以解释高送转的现有价值，毕竟它无法向投资者传递某些公司目前的发展态势。

　　在现实中，高送转更多的是公司高管对外公布的利好消息，吸引更多的公司股东对其进行投资，从而进行价格操纵。鹿港科技是一家位于张家港的从事纺织生产的企业，后来想转型发展，借助兼并收购从事影视制作的浙江天意，从而间接进入股票二级市场。通过下图，我们可以直观地发现，鹿港科技在2015年以前，在较长一段时间内表现一般，在2015年至2016年上半年，进行了一波炒作后，原本5元左右的股价直接涨到了25元，之后股价在高位徘徊。这种剧烈震荡的情况一直持续到2016年4月，该公司进行了大股东巨额减持，在股东进行套现之后，其股票价格依旧在5元上下徘徊。其中，他们在2015年至2016年上半年，进行的密集炒作就是高送转及定增收购。具体来说，鹿港科技推出了每10股转增10股的高送转分配预案，此外还公布了收购浙江天意的利好消息，加上年报配合，使得大量投资者纷纷入场。2016年4月8日，鹿港文化还在宣称要进行收购，结果在当月20日，却传来公司实际控制人及多名董事拟于6个月内通过大宗交易减持的消息。若按照最大规模来计算，

▷▷▷

本次拟减持股份数将达到2123万股，占总股本比例近4.75％。控股股东可以套现2.8亿元，而大量的散户却被深度套牢。

股市还是赌场？

此外，还存在私募基金与上市公司联手进行信息操纵，实现利益分成的实例。一个典型的割韭菜例子是，大多情况下，在高送转信息宣告前，大量机构投资者有正向资金流入，而个人投资者却很少。这显然说明拥有信息的投资者更可能进入其中，高送转信息宣告之后，个人投资者大量涌入，机构投资者反而减少，虽然散户也可能预料到其中的幕后操作，却持有赌徒的心理，期许在短期内，借助庄家的拉升实现盈利，即便被割韭菜，也愿赌服输。此时我们就会发现，高送转行为与公司增发有紧密联系，通过高送转将股价提升，有利于公司的增发。从本质上来讲，高送转和增发都是基于信息对股价的操纵，这两者都使投资者被蒙蔽，并进一步投资。另外，高送转与大股东减持有正向联系，当公司出现高送转时，大股东会大概率进行减持。种种迹象表明，高送转实际上是股东联合各利益方，进行信息操纵的一种方式，而这种信息操纵恰好迎合了我国股票市场中小股东的赌博心理，因此，高送转在我国备受欢迎。

那么，高送转的股票有哪些特点？一，近期成交量高，说明其早已提前就布局了；二，每股未分配利润高，表示它们可能虚增了部分利润，以便日后向投资者吹嘘其分红及送股能力；三，总股本小，更容易被操纵，股价变化大；四，绝对股价高，虽然不利于流动，但是高送转后会让股民产生股价降低的错觉；五，企业发布定增等利好预案，吸引一定资金参与定增；六，出现大股东股权质押，为了避免平仓，股票价格不会过低，大股东也需要确保手头的控股权不易主；七，次新股，该股票在上市初期股价涨幅可能较大，现在作为次新股，相当于更换跑道。

对于操纵行为，监管层会予以高度重视。2016年，证监会就查处了首例信息操纵案件"宏达新材案"，该案中私募机构上海永邦，利用宏达新材的重组概念为宏达新材进行"市值管理"，通过大宗交易购买上市公司股东持有的股票，为上市公司股东提供现金，并与其约定回购期，由其通过大宗交易将股票购回。双方约定，如果在回购时股价上涨，上海永邦按约定收取股价上涨收益部分的10％或20％，再收取一定的融资利息；如果亏损，损失由上市公司股东承担，最后通过与上市公司及私募机构合谋，利用"伪市值管理"的方式操纵市场，实现套利。根据北京某监管层的券商人士透露，在上市公司层面，其大股东、实际控制人为了达到增发或减持股份等目的，往往存在拉升股价的行为，特别是在牛市周期中，受高企的股价诱惑，上市公司的"大小非"们减持意愿强烈。因此，在市场层面，一些私募机构以此为商机，打着"市值管理"的旗号进行项目运作，与上市公司大股东捆绑，形成利益共同体，上市公司的信息披露与私募机构的股票炒作相互配合，在特定时段共同推高股价，不过随着严监管，这些行为也会慢慢减少。

总而言之，从经济学的角度看高送转，并非有利信号，其无法向投资者传递企业优劣的判断标准。与此同时，高送转确实迎合了我国股市投资者的赌徒心理，当企业利用高送转拉高股价时，很多投资者会买入该公司股票，希望能够在短期内获得巨大的超额收益率，也使得高送转能够让投资者快速接受。与此相反的是，在我国，投资者对真正分红的提高并不关注，这与我国投资者，尤其是散户的金融意识较低有一定的关系。

第 **8** 章

PPP

地方政府的财政和PPP

　　根据财政部PPP中心统计数据显示，截至2017年9月底，中国已进入开发阶段的PPP项目达6778个，总投资约10.1万亿元，其中已落地项目2388个，投资额约4.1万亿元。财政部金融司司长表示，需要对PPP项目进行严格管制，将资本金不到位、资本金穿透以后并非自有资金的PPP项目清理出库，严把PPP模式的适用范围和边界，防止将商业项目和纯工程项目包装成PPP项目进行融资，坚决剔除不规范项目，完善风险分担机制，防止风险不合理转移。

PPP（Public Private Partnership），就是政府和社会资本合作投资的基础设施建设项目。所谓的PPP模式，其实只是一种政府的融资方式，其本质是通过开展基础设施建设吸引社会融资，从先前的银行贷款，现如今变成引入私人资本的联营方式。政府从事PPP，主要是因为大多基层政府缺乏资金，而市场资金充裕，通过PPP引入私人合伙人，允许政府在流动性充裕的市场中获得资金，以便后续基础设施建设的顺利进行。

在我国，中央政府收入占全国税收收入的50%以上，但是支出只占全国支出的18%，而地方政府，包括省级政府、市级政府、县级政府甚至更基层政府承担了全国80%以上的事权，却只有50%以下的财权。这与我国1994年分税制改革密切相关，中央获得消费税，地方获得土地方面的收益，企业个人所得税、营业税等比较重要的税收按比例分成，中央获得绝大部分税收，如

▷▷▷

增值税，中央和地方分成比例为75％：25％；企业所得税的分成比例大致为60％：40％；而像小税种或者分散税种则归地方所有，比如农业税完全归地方。总之，中央虽然税种比较少但税收很可观，因此在税收方面，地方政府相对来说获得较少。与此同时，地方政府承担了大多数的事务性工作，比如承担地方政府工作人员的开支、中小学教师的开支、医院的开支（随着医院逐渐市场化之后政府承担就减少了）、学校的开支、当地养老的开支等工作，因此地方政府面临的开支较大，但其收入相对较少。为了解决中央和地方财政权的不平衡，避免出现地方政府无法获得资金进行基础设施建设的问题，中央政府以转移支付的方式下拨给地方政府。这种做法虽然可以在一定程度上缓解地方政府的财力不足，但是其中存在巨大的信息不对称，中央政府难以预估不同地方政府的具体开支，甚至出现了"跑部钱进"的现象，各地通过驻京办联系各部委，从而获取财政拨款等资源。此外，我国地方政府债务率较高，2015年，贵州省和辽宁省的债务率分别达到120.2％、197.47％，远超国际警戒线，这种债务率的计算还不包括隐形债务，地方财政只能捉襟见肘。

　　中央政府分配给地方政府的财政资源有限，对于地方政府却具有非常强大的约束力，如果中央政府能够放松其中的某些约束，那么地方政府可以获得一定的财政收入从而补充地方财政。早在清朝，当某地区出现天灾人祸时，中央政府除了运粮救济，还允许当地政府征开捐纳制度，允许当地政府通过官爵买卖获得资金，从而救济灾民。中央政府直接给予资金支持，或是政策支持，这两者相辅相成。类似的，PPP也是中央政府对地方政府开放的政策。在PPP出现之前，地方政府进行基建的方式是BT［建设—移交（build-transfer），BOT］，由项目发起人通过与投资者签订合同，由投资者仔细筹资建设，待项目验收合格后移交给项目发起人，项目发起人根据签订的回购协议，分期向投资者支付项目总投资及合理的回报。大部分BT项目都是政府和国企进行合作，也有政府与私企进行合作的例外情形，实践中存在形式居多的是私人"挂靠"大中型国企，利用其"资质"与政府合作并盈利，是政府实施基础设施建设常常采用的一种新型融资模式，它解决了项目建设资金不足的问题。但是BT这种先建设再移交的方式，融资成本比较高，大型的基础建设周期可能长达5~10年，这对于私人公司来说是巨大的成本负担，其融资所需资金的年利率可能高达20％，而这些不在政府性债务统计范围之内，因此也不易监管，存在巨大的风险隐患。而PPP有非常广泛的贷款优惠政策，能够很大程度上降低融资成本，这也是为何财政部金融司司长发言希望PPP项目可以正常运转，而不是成为套利政府补贴及银行低利率的工具。

PPP的运作模式

举例说明，某个地方政府规划建设湿地公园，预估总投资大概10亿元，但地方政府没有足够的财政资金，因此他们采用PPP模式，动用投资基金向社会招标建设公司做PPP，基金出资10%，社会公司出资90%，同时再成立一个新公司负责公园的建设、运营。其中，政府的引导基金虽然只有10%的股份，但仍然对项目的运营

▷▷▷

有至关重要的话语权；虽然有异议，但还是会按照新公司章程所规定的内容执行。在筹资的过程中，因为有政府的支持，以及国家一系列为鼓励PPP模式发展的优惠政策，政府可以用极少的资金利用社会资本及银行贷款盘活整个项目。在这个例子中，政府只需要出资1000万元，社会资本出资9000万元，通过这1亿元再向银行贷款9亿元，完成整个公园建设的投资。从该例可以看到，在PPP运作过程中，政府不需要背负债务，只需要出部分资金即可获得公司的话语权并利用公司进行基础设施投资，而BT项目中政府需要出资三分之一，那么对于企业而言，难以投资动机进行项目支持。

一般的，参与政府PPP项目的企业与政府有一定的联系，其合作的基金也负责政府重大项目的招标。此外，PPP项目中，新成立的公司由政府出资10%，企业出资90%成立，其采购的对象、价格，合作的企业能够获得一定的话语权，对于那些有巨大政府采购机遇的企业，可能使用这样的方法——先行垫付资金从而获得政府采购订单。

PPP可能存在的问题

　　理论上来说，PPP项目也存在不足之处。首先，PPP项目一般都不是盈利的项目，存在逆向选择的问题，对于易于盈利的项目，政府可能通过自身努力进行开发，遗留的进行PPP模式的项目反而是那些存在一定开发困难的项目，因此其存在一定的风险；其次，政府其实承诺的是政策，如较为优惠的利率、土地、税收及行业政策，对于出资较多的企业，比如前例的9000万元，他们可能会获得一定的土地配额补贴，从而有足够的积极性参与项目。但是这种承诺存在一定的政治风险，因为PPP项目建设周期较长，而承诺是事后兑现，因此很有可能出现政府变卦、官员更换等政治变动，使得政府无法兑现承诺；最后，还可能出现腐败及利益输送等问题。

在现实生活中，进行PPP项目也面临一定的挑战，首先，可能出现大量伪PPP项目，目的是为了获得PPP项目的低融资成本。政府通过采取固定回报、拉长版BT、明股实债等方式，把本届投资建设的项目包装成PPP项目，进行变相的融资。企业为了降低风险，比如面临政治上的、政策上的及项目本身的不确定性，一般会寻求固定回报；或通过固定回报兜底协议的方式，来参与政府项目，虽然PPP要求必须以股票的形式参与投资，但是仍有很多企业还是以债务的形式进入，变成了明股实债，有变相包装的嫌疑。其次，政府可能会设置无形壁垒，以直接或变相的方式制定规则、设置隐形门槛，刻意回避民营资本的介入。一般PPP项目合作方是一个政府、一个国企、一个私企，但实际上更多的操作是PPP

与国企合作，再由国企转给私企。最后，PPP项目和政府其他的项目类似，很多企业，特别是对于扩张有强烈需求的私人企业，在与政府联合进行投标时，会先低价中标，然后在后续项目实施中，以降低工程质量要挟政府，乘机提价获利。

总而言之，PPP在我国是一种比较新颖的投资建设方式，能够在一定程度上解决政府财政捉襟见肘及融资受阻的问题。关于PPP未来能否持续推行，受到许多因素的影响，其中一个关键性因素是，房产税是否能够推广，如果房产税能够推广，那么可以缓解地方政府的压力，但目前来讲，我国房产税推进并非一帆风顺。首先，通过何种方式接受税款并未解决，以上海为实例，第一个月只收到不到10笔，而且收税成本很大。其次，对于有多套房子并出租的人来说，当出现房产税时，他们会提高房租，最后可能会出现房产税由最底层的租客来承担的局面，反而没有起到房产税调节贫富分化的作用，虽然房产税使得地方政府有比较稳定的财源，但在实际中操作比较困难，PPP发展问题依旧值得深入探讨。

第 9 章

中国房地产市场

我国房地产市场有多大

　　过去几十年，中国经济依赖于高速发展的房地产市场。2017年，中国房地产市场规模达到13万亿元，这个数字很可能被低估，因为市场中还存在大量的二手房交易，某些房地产商为了避税，使得许多发布的网签价格和实际交易价格存在一定的差距。整体上，房地产市场可能占到我国整个GDP的10%~20%，是当时汽车市场规模的两倍多。除了房地产市场本身的规模，像家电、家具、钢铁建材等引致性需求，都直接或间接地与房地产有联系，房地产市场实际上成为龙头经济发展市场。与此同时，我国房地产市场是一个被高度管制的市场，是地方政府与当地房地产商博弈的结果。

土地性质、土地指标及其分配方式

　　我国的土地类型主要有三种：集体所有、国有划拨、国有出让。

　　集体所有是指农民集体所有，包括所有的宅基地和耕地，集体所有的土地所占面积极大，占比95%以上，除了山川河流是国有，城外的土地基本上都是集体所有，包括农民的耕地、宅基地等。到现在为止，虽然各地政策有所突破，但是在政策执行方面，土地依旧无法抵押，一是无法办理土地抵押登记；二是我国土地管理法规定，禁止集体所有土地的转让。部分地区想突破政策管束，但更多的是停留在一种地区性的试验，未能在全国进行推广。集体所有土地最大的一个特点是土地无法转让，当无法转让时，银行原则上不发放贷款。对于银行来说，其贷款最终的依托是抵押物的转让，如果银行预期这个贷款将要违约，那么可以以低廉的价格将抵押物进行拍卖，转让给第三方，由第三方付款弥补部分资金损失；当土地无法进行转让时，则代表没有第三方愿意为土地付钱，如果出现违约，那么银行将承担所有损失。此外，由于集体土地无法实现抵押，中小企业也更难以获得国有出让土地，所以面临更多的融资限制，缺乏足够的资金扩大其生产规模。从某种角度来讲，巨量的集体所有土地在一定程度上限制了我国经济规模的进一步提升。我国所有的土地流转都在试图突破，包括尝试对国家土地管理法进行一定的修订，但其实这种转让是难以被现有法律认可的，因为集体所有土地是否能够作为抵押物，取决于银行对土地未来预估值的判断。

而这种预期又取决于诸多因素，其中一个因素是，是否已有现成判例认为集体所有土地是可以转让的，但是我国进行集体所有土地方面的改革不久，相关的判例比较少，市场是否有足够的流动性，以及市场对集体所有土地的重视程度如何，都决定了银行是否能够将其顺利拍卖。在这种情况下，很多人都持观望态度，等待第一个吃螃蟹的人。虽然目前土地管理法有法律上的突破，但是银行偏于保守，不愿进行突破，我国集体所有土地实现抵押，还有很长的路需要走。从另一角度来看，我国不断保护农民集体所有土地，实际上也是非常明智的选择，首先农民可以种植庄稼，其次它也是农民的生活保障，如果通过务工不能获得足够收入，还可以回到农村，保证有一定的收入来源；如果去掉农民集体所有，征用这些土地，那么可能存在大量的农民居无定所，造成社会不稳定。从某种程度上来讲，我国其实是在社会稳定性和经济有效性中进行取舍，更侧重地选择了社会稳定性。

国有划拨用地，是在20世纪90年代初期，中国正式土地市场（国有出让土地）形成前的城市土地出让形式，政府无偿将土地划拨给事业单位、国有企业。与此同时，当国家需要时，也需要无条件退回土地。类似于农村集体所有土地，我国要求土地与房子一体，不能出现空中楼阁的情况。因此，当国有划拨土地不拥有产权时，其上面所建的建筑物也无产权，银行也无法用其作为抵押物。

国有出让土地，是我国正式的有产权土地。国有出让土地在20世纪90年代开始在深圳试点，通过缴纳土地出让金获得一定年限的土地使用权，根据土地的适用类型和出让年代，使用权的期限有所不同。其中土地类型主要包括居住用地、商业用地和工业用地，居住用地和商业用地的价格要远远高于工业用地，前两者可以很轻松地突破500万元/亩，而大多数工业用地的价格一般保持在50万元/亩。公众所熟知的地，一般都是指居住用地，居住用地的价格比商业用地略高一些。不过也与各地地方政府的政策有关，大部分政府更愿意增加工业用地，以吸引企业流入，从而提高当地的就业及税收，而且有利于提高人口基数，能够提升其居住用地，以及商业用地的价格。因此，对于政府而言，是希望以更多的低价工业用地来吸引企业入驻，甚至有大型企业获得工业用地的价格为零，之后，政府再通过收取一定的居住用地或商业用地的土地出让金获取收益。工业用地与居住用地、商业用地的巨大价差，也形成了套利空间。其中典例是小产权房，在其他较廉价的土地上建立居住房再将其出售获利。比如酒店式公寓，就是在商业用地上建立住宅，刚推出时短时间内在市场上大受欢迎，但是随后国家出台了相应法案，商业用地上的居住用地建筑物无法获得产权证，不允许过户。对于消费者而言，这些酒店式公寓的价格是居住用地住宅的一半，而且一般离市中心近，相应交通基础设施较为完善，如果常住是明智的选择，但是因为无产权，流动性差且转手困难。除了酒店式公寓，还有在工业用地、国有划拨甚至集体土地上建的小产权房，这些房子都无法办理产权证，也没有出售的权利，只能打擦边球损害消费者的利益。

X

我国未来的城市发展

前文介绍了土地的几种类型，我们接下来探讨的一个核心问题是，那些集体用地（农村）是如何转化成国有用地（城市）的呢？主要分三步：一是收储；二是平整；三是招拍挂。收储，即从农民手里征收土地，这也是各种社会矛盾的根源。国家的耕地补偿标准为种地收入的20倍，种地收入平均一亩地按1000元/年计算，

▷▷▷

国家标准补偿金大致为2万元，但土地作为农民的命根子，如果回收了土地，未来就缺乏保障，农民自然希望得到高昂补偿金。因此，在实际收储过程中，补偿金的价格远高于国家标准，在北方基本上都是10万元以上，但也出现了双方价格磋商不一致，导致的一系列问题。平整，包括三通（通电、通水、通煤气）一平或五通一平，政府在新收的土地上通路、通水、通电、通气、通信，以及进行土地的平整。招拍挂，土地收回到国家，以及进行平整后，通过招拍挂流通的形式卖给出价最高的人，从而获得最大化的政府收入，并禁止私下定价及私下指定对象等行为，而在实际操作中，还是存在大量的政府私下定价，让招拍挂流为形式的行为。通过收储、平整、招拍挂后，集体用地就转化为国有出让土地，那么其中每年政府收储、平整、招拍挂的情况，这些应该如何确定呢？

　　一般的，地方政府能够决定收储的数量，当地政府根据政策用地的五年或十年规划进行收储，将其纳入当地的土地储备。不过，在收储过程中，政府需要发放给农民大量的补偿金，而且将新土地纳入当地政府土地储备时，需要大量资金对土地进行平整，因此，收储行为也会受到政府财政支出的影响。此外，收储行为还需要考虑到给社会带来的不稳定因素及承担相应的责任。政府面临的另一个核心问题是出售土地的数量，在招拍挂方面，招拍挂指标类似于计划经济，是自上而下类似不断分蛋糕的过程，其数量受到严格控制。在我国有18亿亩土地红线，即为了保证我国的粮食安全，我国的耕地面积不能低于18亿亩，在我国人口众多的背景下，如果需要购买国外的粮食，那么不仅会造成粮价疯涨，还会造成一系列的社会经济问题。因此，在18亿亩耕种土地红线前提下，我国的土地指标为总量控制。具体来说，每一级政府负责下级政府的土地指标，大概是年后开始分配，二、三月份到省一级，三、四月份到市一级，四、五月份到县一级。分配的原则为重点照顾省会城市，比如河北省的土地指标，一定倾斜于石家庄，其他的地方再平均分。在实际操作中，可能存在官员之间的私下交易，有政治联系的官员所在地可能更多。也有一些土地指标是国家直接下达，不会占用本地指标，这些指标主要针对国家重点项目，比如国家高新技术产业园，一旦被国家认定为高新技术产业园，除了获得国家直接下达的土地指标之外，也能够在竞争中脱颖而出。因此，申报国家高新技术产业园会受到当地居民的支持。在获得土地指标之后，政府可以将土地卖给企业获得财政收入，企业也可以将这些有产权，并且可以出让的土地在银行做抵押，从而获得银行融资以开展生产活动，促进当地经济发展。因此，当地政府若想促进当地经济的发展，一般希望上级能给出相应的土地指标，从而开展更多的生产活动。

我国经济经过几十年腾飞，城镇化率大概为60%，而西方国家在80%~90%。在未来20年，我国每年大概有2000万人进入城市，我国的房地产市场依然有巨大的发展空间，但并不是都有大量需求，未来更多的房地产会聚集到发展潜力巨大的地区，同时也需要考虑影响消费者买房的因素，比如交通设施、公共物品提供等。但核心因素还是政府能力，一个强有力的政府，能够通过招商引资扩大当地产业以提供更好的公共服务，完善医疗、养老、教育等政策，也间接地促进了当地房地产市场的发展。有大量研究表明，我国未来的人口趋势为逐渐地向大城市转移，而我国大城市因为其高房价及人口管控政策，大城市率仅为20％。在未来，随着管控的逐渐消失，像北京、上海、广东、深圳等一线大城市的规模会进一步增长。

第 10 章

P 2 P

为何我国会出现P2P

　　P2P（Peer To Peer），也称网络借贷，其本质为不通过金融机构，个体与个体之间通过互联网平台实现直接借贷。P2P在中国曾非常火爆，2016—2017年，P2P平台数量剧增到6000多家，而到了2020年，P2P平台则被基本清零，目前正在运营的P2P平台在未来也可能转型为其他类型的金融机构。总的来说，中国在过去的四五年间经历了一波巨大的P2P泡沫，泡沫过后，几乎没有一家P2P公司能够生存下来。

在本章，主要讨论几个关键点，首先，P2P在我国发生的根本原因是什么？其次，为什么P2P平台会慢慢没落？最后，我国政府能够从中获得哪些经验和教训？

首先，了解一下P2P在我国发生的根本原因。P2P实际上最早开始于英国，他们希望经济可以在短时间内突飞猛进，特别是在出现经济危机之后，大家普遍对大银行有质疑，虽然其效率很高，但是其规模过大、社会影响广泛，出现风险概率大，政府不得不采取措施，大银行因此表现为大而不倒。在此背景下，银行可能会从事对整个金融系统风险影响极大的项目，将实际需要大银行承担的风险转嫁给政府。此时，为了找到可以绕过大型银行的替代品，P2P应运而生。在前面章节提到银行的一个重要作用是代理监督，投资者可以将资金放到银行，由这家中间机构挖掘一定的信息对资金进行合理投资使用。随着市场的发展壮大，民众的观点在逐渐改变，如果每个人都有完整的自身信息，他们更加渴求能

▷▷▷

够将各类信息联系起来，以一个市场代替一个专业机构。P2P的去中心化融资方式，就很好地迎合了投资者的目的，虽然专业机构在收集信息方面，能够以更低的成本快速获得信息，但在信息科学技术极度发达的今天，这些成本过于低廉，P2P反而随着信息收集成本的降低拥有更高的信息搜集效率。与此同时，P2P也不会面临银行需要承担的巨大的违约风险。因此，P2P是未来的融资发展方向，P2P作为一种新型融资理念在英国风靡起来。

在我国，中小银行面临牌照管束及各类的严格管制，如曾经的利率管制；加上中小银行数量较少，我国的私人机构也无法参与银行投资，而绝大多数的中小银行为国有企业，市场竞争不充分，因此银行更倾向于给大型企业贷款。相对于中小型企业，大型企业定价较简易，而且有政府的隐形担保，违约率很低，此外大型企业需要的贷款金额较大，比如银行可以给大型企业放贷10亿元，而小微企业则可能为100万元，大企业所承担的贷款额度及利息相当于成百上千个小微企业，在这种情况下，给大型企业放贷可以获得更高的收益，其所需的人力成本也较低。因此在我国，银行都是偏向于给大型企业放贷，而中小企业很难获得支持。也许有读者想问，那么大型银行的分支机构是否本身是一个中小银行？是否可以弥补对中小企业支持的缺口？对于大型银行而言，其分支机构与中小银行本质的区别为中小银行需要自我负责，有很强的激励自行决策，但大型银行的分支机构没有自己的决策权，完成上级发放的任务即可。从信息传递角度来说，面对一个贷款户，其具体业务的完成情况对于中小企业而言，它本身就可进行决策，而大型银行的分支机构虽然可能掌握着大量相关信息，但缺乏决策权力，需要将这些信息递交给上级，由上级做决策。我国经过一系列的贷款发放权力的上收后，大部分的贷款仍是由省级分行进行决策，在下级上传信息时，会面临信息受损问题，即某些信息可上传，比如硬信息，如公司是否有抵押物等；而部分信息无法上传，比如软信息，如公司经理人能力是否合格、是否对公司未来具有长期规划等。由于传递过程中的信息受损，上级进行决策时效率会大大降低。因此，由于大型银行分支机构缺乏自己的决策空间，并面临着信息损失和利用不充分等问题，所以无法弥补对中小企业支持的缺口。

　　我在访谈时发现，某个地方的明星企业，如廊坊城郊的一个养鸡场，拥有几万只鸡，按理说是一个优质的企业，但是因为这家企业没有抵押，无法获得银行贷款，因而无法扩大规模谋求发展，我国类似情况的中小企业数量庞大。总体而言，而我国有银行体系还是偏向计划经济，因而有大量企业无法获得银行贷款，包括前文提及的拥有无产权土地的企业，市场需求还有待满足，这也成为随后P2P贷款出现的原因之一。

P2P的优势是因为大数据算法吗

P2P在我国实行不久，受到了各大企业的广泛欢迎，成为满足中小企业融资需求的一种重要方式。2013年伴随"互联网+"和"大众创业，万众创新"的春风，P2P网贷迅速发展，而目前对于P2P的定位是，为满足正式金融机构的融资需求。

现在的理论认为，P2P的出现是因为互联网发展成熟，但这并非根本原因。不可否认的是，我国近几年互联网发展，特别是各种手机移动端的逐渐成熟，确实能使得小贷公司或者P2P平台迅速接触到客户，但涉及一个关键点，P2P实际上是分成两端的：一端连接投资者为融资端；另一端P2P进行投资，将资金投资给需要资金的企业。从散布全国各地的投资者获得融资，P2P确实是降低了融资端的成本，但是在另一端进行投资时，P2P并没有做到实质的改变，依旧需要去有信贷需求的企业进行调研，搜集相关信息来判断该企业的优劣，因此P2P还可以作为与银行有类似作用的机构，从投资者手中获得便利的融资后，依旧需要监督放款，放款时审核企业是否达标，放款后对特定企业加以监督，而整个互联网的发展，与是否能够有效监督并无太大的联系。曾经有一篇文章，内容是中国在清末民国时期，银行与电报系统的关系。大众的理解，可能会认为这两者之间存在一定关联，认为信息技术可以促进银行信贷业务的发展，但仔细研究发现，当时的电报系统是跨国电报系统，而银行主要开展本地业务，核心是当地企业，那么这种跨国的电报系统，是否真的能够覆盖银行所在的当地企业，是否能够促进它们之间的联系，还需要进一步研究，需要先从逻辑上进行深究。

普遍认为，P2P是互联网金融的重要组成部分，那么互联网金融到底有何优势？首先，随着互联网金融APP的普及，从投资者端获得融资相对于传统融资方式更为便捷，但是否在进行投资时具有更多的优势，是否所提到的大数据能够协助锁定投资者，还有待证明。在投资过程中还面临的信息不对称问题：第一为逆向选择问题，即所投的企业本身是否是一个优秀企业；第二为道德风险问题，即投资给一个优秀企业之后，在项目完结后是否返利给投资者。

对于逆向选择问题，即判断是否为一个优秀企业，部分可以通过大数据来解决。大数据与我们传统的统计学都是根据一定过往的特征来进行推断，使用传统线性回归，对于高维数据的分析，还存在一定的局限性，而大数据能够很好地探索高维空间的形态，虽然也面临稀疏性数据问题，但整体上大数据还是更精确。通俗来讲，逆向选择问题是区分优劣，如何让好人做好事则是

▷▷▷

道德风险问题，即别人可能存在机会主义行为，表现为对他人造成伤害。我们认为解决道德风险问题不仅需要区分品性，也需要对其激励使其改变，如当企业亏欠钱款时，给予一定的惩罚。那么如何对其进行惩罚呢？按照前文所说，银行要求抵押物其实就是一种惩罚方式，如果不能按时归还欠款，那么银行会将其抵押物处理，这样对于借贷者而言损失巨大，这就是通过改变其动机，或者施加一定的惩罚来解决道德风险问题。在实际中，我们面对道德风险问题较多，而P2P对借贷对象给予惩罚方面的工作不足，从本质上来讲，P2P并不适用于对借款对象进行监督，这也是P2P注定承担巨大风险的原因。

P2P创造资产的能力及其衰弱

此外，许多P2P逐渐变成了一种庞氏骗局，然而杜绝这种行为也极其困难。起初，该项目并未想演变成庞氏骗局，当吸收到巨额存款，但是无法放贷款，无法形成有效资产来产生高额回报率时，如果投资者要求退市，主办方将无法获得足够利润，公司管理层会面临来自投资者的巨大压力。此时，管理层有两种方式解决这个问题：第一种解决方式，是他们向投资者承认利润微薄，难以为继，公司和投资者都将承担一定的损失，但绝大多数公司高管不愿意接受这种方案，他们通常会选择第二种方式，用新发行的钱来弥补投资者赎回的要求，开始形成所谓的庞氏骗局，用新钱补旧钱，可以说是因为公司的无能无法利滚利。P2P形成资产的能力不强，这也是P2P既无法发挥出激励作用，也不能起到市场筛选作用的原因。

不难发现，平台在进行经营时，其经营目的经常会改变。举个有趣的例子，在中国东北某地，有一位女性，她做汽车销售的朋友告诉她，他有三辆有点划痕的车可以八折转卖。随后，这位女性转告她的亲戚朋友，当女性的一位亲戚朋友想以八折的价格找该销售人员买车时，得知车已经售出。此时，她认为，如果告知亲戚朋友车已经售出，她觉得挺丢面子，所以她买了一辆新车，以八折的价格卖给这位亲戚朋友，其中的差价自己补足。这种做法看起来非常愚蠢，但是使得她声名鹊起，她被认为有足够的关系能够出售折扣车辆，从此找她买车的人络绎不绝，但实际上她与卖车的人毫无关系。之后，她向买车者收钱，却只给其中一部分的人提车，逐渐形成庞氏骗局，最后，她以非法集资的罪名被判处终身监禁。

P2P贷款起初也只是做好其本职业务，但随后因为激烈竞争，它们的投资标减少，而且我国优质资产中大部分企业都被银行占据，所以留给P2P的蛋糕非常小。对于P2P，因为起初就不被本行业看好，加之吸纳资金的成本高昂，甚至达到百分之十几的年化率，如果它们拿到10％的存款利率，那么它们必须通过投资某些机构获取超过10％的收益率。而在我国，能超过10％的收益率的行业是极少的，即便存在，它们也都是通过银行的正规渠道谋利，使得留给P2P的投资标的较少，这也注定P2P无法返还投资者10％的收益。

那么为何银行不会进行庞氏骗局呢？首先，银行的规模非常大；其次，最核心的因素是因为银行有准入限制，比如我国的银行牌照，有牌照则象征着行业门槛，当出现行业门槛时，则代表行业里面每个企业都会有好项目，可以赚取丰厚的利润。我国有20多家上市银行，却赚取了整个上市公司总体三分之一的利润，当每年都有稳定的盈利时，银行就不允许过度竞争，银行即使不进行竞争也能良性发展，也可以有比较稳健的经营。在我国，部分行业因为激烈的竞争，导致银行间出现各种无底线行为，从而损害整个行业的利益，目前银行的竞争逐渐减弱。因此，P2P起步时数量过多，在全国形成6000多家P2P平台，导致P2P平台之间的竞争过于激烈。只有高回报，才能斩获投资者的青睐，在长期过度竞争的作用下，P2P贷款变成获取暴利的手段，不少人开始铤而走险。除了市场过度竞争外，还因为P2P平台发展前景不明确、没有长期规划等，导致发展目光短浅，这也是P2P与银行之间的差距。

图书在版编目（CIP）数据

资本博弈：金融热点问题聚焦 / 苗萌著 . -- 北京：北京时代华文书局，2021.6
ISBN 978-7-5699-4126-5

Ⅰ . ①资… Ⅱ . ①苗… Ⅲ . ①金融—研究—中国 Ⅳ . ① F832

中国版本图书馆 CIP 数据核字（2021）第 074867 号

资 本 博 弈：金 融 热 点 问 题 聚 焦
ZIBEN BOYI JINRONG REDIAN WENTI JUJIAO

著　　者｜苗　萌

出 版 人｜陈　涛
选题策划｜周连杰
责任编辑｜周连杰
装帧设计｜艾　迪
责任印制｜昝　敬

出版发行｜北京时代华文书局 http://www.bjsdsj.com.cn
　　　　　北京市东城区安定门外大街 138 号皇城国际大厦 A 座 8 楼
　　　　　邮编：100011　电话：010-64267955　64267677
印　　刷｜三河市嵩川印刷有限公司　0316-3650395
　　　　　（如发现印装质量问题，请与印刷厂联系调换）
开　　本｜880mm×1230mm　1/32　印　张｜5.5　字　数｜85 千字
版　　次｜2021 年 5 月第 1 版　　印　次｜2021 年 5 月第 1 次印刷
书　　号｜ISBN 978-7-5699-4126-5
定　　价｜38.00 元